A GUERRA

Luigi Bonanate

A GUERRA

Tradução
Maria Tereza Buonafina
Afonso Teixeira Filho

Título original italiano: *La guerra*
© Gius. Laterza & Figli (Roma/Bari), 1998
© Estação Liberdade, 2001, para esta tradução

Preparação / revisão	Valéria Jacintho e Joana Canêdo
Composição	Pedro Barros / Estação Liberdade
Capa	Nuno Bittencourt / Letra & Imagem
Imagem da capa	Pablo Picasso: *La guerre et la paix*. Painel decorativo Vallauris. Óleo s/ isorel, 1952. © Photo RMN - R. G. Ojeda/Sucessão Picasso
Editor	Angel Bojadsen

Dados Internacionais de Catalogação na Publicação (CIP)
(Câmara Brasileira do Livro, SP, Brasil)

Bonanate, Luigi
    A guerra / Luigi Bonanate ; tradução de Maria Tereza Buonafina e Afonso Teixeira Filho. — São Paulo: Estação Liberdade, 2001.

    Título original: La guerra.
    Bibliografia.
    ISBN: 85-7448-046-0

    1. Guerra 2. Guerra - História 3. Política I. Título

01-5376   CDD-320.9

Índices para catálogo sistemático:
1. Guerra : História política   320.9

Todos os direitos reservados à
Editora Estação Liberdade Ltda.
Rua Dona Elisa, 116 – 01155-030 – São Paulo SP
Tel.: (11) 3661 2881   Fax: (11) 3825 4239
e-mail: editora@estacaoliberdade.com.br
http://www.estacaoliberdade.com.br

Sumário

Prefácio à edição brasileira	9
O que é a guerra	21
1. O "catálogo das guerras"	21
2. O modelo clausewitziano	28
3. Desenvolvimento histórico das formas de guerra	34
4. A guerra na Antiguidade	39
5. A era do Estado moderno e suas guerras	46
6. Lutas nacionais e combates ideológicos	54
7. Guerra e filosofia: o debate entre modelos	57
Como se faz a guerra	65
1. Guerra ideal / guerra real	65
2. O discurso estratégico	69
3. A "cadeia" estratégica	75
4. Modelos de guerra	83
5. A estratégia supera a si mesma	89
Por que se faz a guerra	97
1. Descrever, explicar, justificar	97
2. A lógica descritiva	105
3. Programas de explicação	113
4. As justificativas das guerras	122
5. O direito vai à guerra	133
O que a guerra significa	137
1. Um resultado enganador?	137
2. Guerras e regimes políticos	144
3. A guerra na teoria das relações internacionais	148
4. A guerra como livre manifestação de sentimentos	155
5. Conclusão. O futuro da guerra e a guerra do futuro	164
Bibliografia	169
Índice onomástico	173

PREFÁCIO À EDIÇÃO BRASILEIRA

Não me deixarei levar pela imagem dos destroços das Torres Gêmeas, porque não quero cair na armadilha que o terrorismo, por sua natureza, nos prepara: assustar-nos a ponto de cedermos às suas chantagens. Em vez disso, aproveitarei a oportunidade para refletir sobre a aproximação que hoje, pouco depois do dia 11 de setembro de 2001, está sendo obsessivamente proposta entre guerra e terrorismo. E com toda a razão: de fato, já poderíamos dizer que o terrorismo é a forma pósmoderna da guerra (e, dependendo do ponto de vista, não estaríamos nem um pouco longe da verdade). Contudo, devemos admitir: o problema é mais complexo e precisa ser analisado com mais cuidado.

Gostaria de fazê-lo a partir do tom que inspirou a última página da edição italiana de *A guerra* (de 1998), que refletia o espírito dominante da época, ou seja, um otimismo fundamentado na idéia de que, depois dos abalos subseqüentes à queda do bloco comunista – manifestados nas terríveis crises étnicas dos Bálcãs, que levariam à guerra da Bósnia e da OTAN contra a Sérvia –, o mundo, aos poucos, estivesse encontrando a via para a democratização da vida internacional. Mas não estamos discutindo se o meu otimismo ainda tem fundamento ou não, sobretudo se, no contexto de um percurso que tendia à consolidação de um estado internacional de paz, estava-se desenvolvendo também – e agora vemos claramente os seus sinais – um movimento de rebelião e de contestação da "nova ordem mundial" que, de qualquer maneira, vinha se consolidando.

Não nos devemos esquecer, além disso, de que, se o instrumento material – que felizmente não foi utilizado e que proporcionava uma condição de equilíbrio por meio do terror –, a ameaça atômica, por um lado, havia criado um baluarte contra as grandes guerras (ou guerras mundiais), como conseqüência disso, e sem poder evitá-lo, deixava livre, por outro, o espaço para as guerras menores, locais, pois temiam-se demais as grandes para que se pudesse impedir as menores. Nesse quadro que se formava (que fique bem claro: na prática ainda vivemos um estado de pós-guerra, como depois de 1989, o fim de uma guerra não travada, mas vencida), ainda incerto e instável, havíamos pensado que a queda de qualquer muro – e aqui incluímos o financeiro, que (agindo nas 24 horas, desde a abertura do mercado de Hong Kong, pela manhã, até o fechamento do de Nova Iorque, pela tarde) escapa a qualquer taxação e, portanto, ao controle estatal, e, não nos esqueçamos, o das imigrações, que hoje incomodam a antiga união étnica dos Estados ricos – abriria o mundo de fato para a globalização, primeiro imaginada e depois realizada, e que, apesar das muitas injustiças materiais, parecia destinada a unificá-lo.

Mas agora, no *day after* ao ataque contra o coração do Estado norte-americano (o centro financeiro e o centro militar), deveremos admitir que: a) estávamos enganados e que

PREFÁCIO À EDIÇÃO BRASILEIRA

entre terrorismo e guerra não há diferença alguma; b) o mundo desembocou em uma estrada muito perigosa, e nenhuma ordem internacional será jamais possível; c) a globalização está bem longe de ser o que propõe. Partindo desse último tema (do qual nunca fui um entusiasta, mas apenas mais um dos perplexos observadores), a ação terrorista em Nova Iorque poderia ser considerada até mesmo um grande acontecimento, a prova incontestável do efetivo alastramento da globalização pelo planeta: não apenas uma ação como essa teria sido impossível em épocas tecnologicamente menos desenvolvidas, como também não teria propagado o seu efeito "terrorista" (atingir inocentes para abalar toda a opinião pública, nesse caso verdadeiramente planetária) se a "aldeia" não fosse *global*, se as televisões de todo o mundo não tivessem podido difundir, ao vivo, as imagens que, no seu realismo, superaram em muito as do mais delirante diretor de Hollywood, e se as vítimas do atentado não fossem cidadãos de sessenta países diferentes. Poderíamos dizer – se isto não fosse um cinismo tão grande a ponto de nos fazer duvidar de nossa própria sanidade mental – que essa ação foi a mais bem-sucedida de todas as ações violentas, cegas e pura e simplesmente destrutivas em toda a história da humanidade. Mas, por mais atônitos que fiquemos diante desse acontecimento, não nos devemos esquecer de que é justamente esse o sentido da ação terrorista – enquanto idealizada e/ou realizada por mentes tomadas por um fanatismo absurdo –, a qual tem por objetivo mais a difusão de uma *mensagem,* do que a realização de um massacre propriamente dito (o fato de que este seja um mero subproduto é que torna enlouquecedor o seu exercício). Os terroristas (nesse momento não importa quem sejam) não estavam interessados em atingir *aquelas* pessoas, mas os *símbolos*

11

no interior dos quais cada uma delas, por acaso, nesse momento, se encontrava: encarregados da limpeza, funcionários, contínuos, gerentes, negociantes e clientes, turistas... Eles queriam atingir (e para eles vale a fórmula adotada pelos terroristas das Brigadas Vermelhas italianas na década de 1970) o "coração do Estado", o poder (ou a supremacia) dos Estados Unidos, portadores principais, senão os únicos, de todo o mal que há no planeta (segundo os terroristas). E assim, em um mundo mantido sob controle pelo Echelon (o mais potente e complexo sistema de vigilância planetária, que monitora todas as conversações que ocorrem entre as pessoas a cada instante no mundo), por um lado, e pelo escudo espacial, por outro, visando à realização do mito da invulnerabilidade – um mundo no qual acreditávamos, portanto, que tudo estava "sob controle" –, uma ação terrorista muito hábil, mas limitada, consegue subverter qualquer expectativa, escapar a todo controle, e fazer-nos sentir frágeis e indefesos, com medo de viajar, de apostar na Bolsa, de freqüentar lugares cheios, obrigando-nos a permanecer fechados em casa.

Respondo primeiro à última questão (enumerada anteriormente como c), para dar uma ordem lógica às três perguntas) dizendo que, assim, o terrorismo *segue* o desenrolar dos acontecimentos, e não os decide, porque explora de forma parasitária as circunstâncias de existência que lhe são oferecidas; assim, ele é hoje *produto* da globalização, e não inimigo ou adversário dela; assim, ele é tão perigoso e assustador que pode introduzir-se onde quer que seja, como quer que seja, em qualquer lugar e a qualquer momento. Não compartilho da opinião daqueles que, nesses dias terríveis, sustentam que a ação de 11 de setembro abre uma nova página na história da humanidade, fazendo-nos entrar em uma época de violência

PREFÁCIO À EDIÇÃO BRASILEIRA

indiscriminada, pelo simples fato de que, infelizmente, essa não é uma página nova, pois todos nós já a havíamos lido inúmeras vezes, a ponto de ficarmos – se posso dizer assim – entorpecidos. Por que não percebemos nenhum dos sinais que estavam sendo dados?

Mas esses sinais existiam mesmo? Que o fanatismo não havia desaparecido ou morrido, que na verdade gozava de boa saúde, isso nós já sabíamos; pelo menos desde a guerra da Bósnia e de sua violência étnica: quem, senão alguém bestializado pelo fanatismo, agiria de tal modo? E que a democracia (apesar de ter dado grandes passos para frente, embora visando mais a derrubar o inimigo, o comunismo, do que por suas virtudes intrínsecas) estava ainda bem distante de completar seu projeto como técnica de solução *pacífica* dos conflitos e dos contrastes, e que também não estava ainda distribuída por igual em todas as partes do mundo, também sabíamos. Não tínhamos nem ao menos entendido que, se o desaparecimento da bipolaridade podia ser aplaudido por haver liberado milhões de pessoas de um comunismo obtuso e ineficiente, isso não bastava para que nos sentíssemos confortáveis e seguros diante de uma nova crise. No fundo – como argumentei neste livro – a ordem internacional (quando existe) provém do êxito das grandes guerras, que será tanto mais intenso quanto mais imponente for o preço da vitória. Hoje, o mundo desfruta apenas em parte da herança das vitórias passadas: a vitória na Segunda Guerra Mundial está longe demais, a vitória sobre o comunismo representou antes a *derrota* de um adversário que deixou um vazio não de todo tranqüilizador. Isso significa que, para almejar a ordem – se a desejarmos de fato –, devemos procurar novas formas para a sua realização. Poderíamos dizer que hoje o grande desafio da ordem internacional passa

13

exatamente pela possibilidade de criá-la pacificamente (eu ia dizendo: democraticamente). Nem a única grande potência ainda existente no mundo (os Estados Unidos), nem o único grande ator político do mundo contemporâneo (a União Européia, forte de seus 370 milhões de cidadãos e de um mercado maior que o dos Estados Unidos) parecem estar empenhados nesse programa, tendo simplesmente acreditado poder desfrutar sem limites da queda das barreiras, tanto ideológicas quanto materiais. A ordem que hoje resiste baseia-se, na realidade, em conquistas e vitórias do passado, e não podemos nos limitar a desfrutá-las distraidamente. As muitas regiões do mundo e todos os seus habitantes não têm nenhuma razão para ter simpatia pela ordem internacional, assim como esta não lhes oferece nenhuma esperança de melhorar as suas condições de existência. Não por acaso, a maior parte dos problemas internacionais de hoje provém das regiões mais pobres e negligenciadas do planeta – quer se trate de chechênios ou kosovares, de palestinos ou afegãos, de indonésios ou macedônios, de argelinos ou iraquianos, parece que a vontade internacional de socorrê-los e de melhorar-lhes as condições de vida não existe de fato. E imaginar que um dos mais sugestivos ensinamentos do Prêmio Nobel de economia Amartya Sen diz respeito precisamente à relação entre desenvolvimento socioeconômico e democracia e paz, ou – nas palavras de Norberto Bobbio – ao fio que mantém direitos humanos, paz e democracia ligados entre si.

É talvez à luz desse tipo de perda da compreensão da ordem internacional, enquanto incapacidade de manter a situação sob controle, que podemos procurar abordar a primeira das perguntas que formulei, a mais dramática e perturbadora delas, ainda mais por nos remeter a contextos e problemáticas

PREFÁCIO À EDIÇÃO BRASILEIRA

que, depois de terem abalado o Oriente Médio e a Europa nos anos 1970, nos pareciam produtos de um passado que não poderia ser proposto novamente. E, em lugar disso, poder-se-ia até mesmo supor que o renascimento do terrorismo, para o qual nos últimos anos nos havia advertido bem mais a Argélia (onde, no dia 3 de janeiro de 1998, em uma única noite, grupos islâmicos mataram 412 pessoas) do que a Palestina (mas acreditamos, mais uma vez irrefletidamente, que se tratava de uma barbárie local ou encerrada em si mesma), havia-nos pegado completamente de surpresa, como se tivéssemos esquecido as lições do passado e a potência do terrorismo, que tem a impressionante capacidade de alcançar o maior efeito com o menor (comparativamente falando) esforço. Por isso ele produz uma assimetria que em geral impossibilita a comparação entre ele e uma guerra (assim como é apresentada neste livro), a qual, no entanto, se baseia em uma simetria fundamental: a do conflito entre forças formalmente em campo. Não se trata de uma distinção abstrata ou meramente jurídica: ela diz respeito à essência do fenômeno, ou seja, o reconhecimento dos inimigos em campo e, portanto, de suas recíprocas intenções para o combate. Isso incide principalmente sobre quem está habilitado a combater e (mais importante ainda) contra quem, ou seja, portanto não sobre os civis, mas sobre outros combatentes; daí, deduz-se que, se em uma guerra alguns civis são atingidos, isso é involuntário (entra em jogo um tipo de "efeito duplo", diria um teólogo) e, ainda assim, existe uma parte da população que permanece alheia ao conflito. O terrorismo, ao contrário, viola precisamente essa regra: os seus inimigos *não podem ser distinguidos,* porque qualquer um é inimigo, e qualquer um pode ser atingido. O terrorismo é, portanto, indiscriminado e difuso: quem quiser se opor a ele

15

não poderá combatê-lo com um exército (observamos exatamente isso nas circunstâncias atuais) nem poderá obrigá-lo a uma batalha aberta.

Mas poderia também ocorrer que – não sendo uma forma substitutiva ou alternativa – o terrorismo seja a manifestação ulterior, atual, da guerra adaptada aos novos tempos. Em relação a esse ponto, é necessário pesar bem as palavras. Uma coisa é dizer que o terrorismo é *metaforicamente* a guerra, pela devastação material e pelo sofrimento humano que produz; outra é sustentar que o terrorismo é um dos tipos de guerra possíveis – nesse último caso, deveríamos de fato admitir que o terrorismo sempre reinou entre nós, praticamente em todas as guerras da história (qual delas não teve efeitos aterrorizantes?). O terrorismo em vez disso é, por assim dizer, "a guerra de quem não pode fazer guerra", ou seja, de quem não pode – sob pena de ser derrotado – entrar oficial e abertamente em campo proclamando suas exigências; pois, se abandonar a clandestinidade e renunciar às ações secretas, perde a sua própria eficácia e, portanto, nega-se a si mesmo. Por isso o aparecimento dos fenômenos terroristas é tão explosivo e destruidor: nem sequer sabemos exatamente de quem e do que devemos nos defender. É diferente também do ataque de surpresa (depois de 11 de setembro de 2001 invocou-se várias vezes o Pearl Harbor de 7 de dezembro de 1941), que, por mais traiçoeiro que seja, é sempre decidido por um governo à cabeça de um Estado, do qual podemos, portanto, conhecer a vontade, as intenções e os programas políticos. No terrorismo, tudo isso está velado: nunca leremos um "programa de governo" de um movimento terrorista, mas apenas um chamado à luta, um convite ao sacrifício, e jamais uma idéia de sociedade futura.

PREFÁCIO À EDIÇÃO BRASILEIRA

O terrorismo tem inimigos mas não tem programas: o terrorismo revolucionário europeu da década de 1970 demonstrou isso claramente. Tanto os italianos (que deram vida ao grupo mais significativo, as Brigadas Vermelhas) quanto os alemães (o Grupo Baader-Meinhof) pretendiam atacar o inimigo com a intenção de que a classe operária, já insensível aos programas reformistas dos partidos que tradicionalmente a representavam, "despertasse" graças às ações exemplares das frentes terroristas, as quais cederiam depois o terreno ao desenrolar da revolução.

O que poderia oferecer – como programa para "um novo mundo" – alguém como Bin Laden? Não conseguimos nem ao menos imaginar, pela simples razão de que o seu projeto é um projeto destrutivo e não construtivo. Poderia querer que os palestinos vivessem em paz? E quem não o deseja? Poderia querer que o Islã fosse respeitado e difundido entre todos os que o veneram? Certamente estamos todos de acordo com isso. Poderia querer que os Estados Unidos renunciassem à sua posição hegemônica? Pois bem, também a União Soviética o desejou por muito tempo, mas nunca recorreu ao terrorismo. O fato é que o terrorismo, que se define a si mesmo como "político", é estruturalmente antipolítico ou apolítico, porque, por natureza, pode agrupar em torno de si um proselitismo elitista, uma minoria, e não as grandes massas populares. Kant já dizia isso claramente há mais de dois séculos: se os povos fossem responsáveis pela decisão de fazer ou não a guerra, existiriam bem menos guerras...

É ainda muito cedo para dizer se, e quando, os acontecimentos do 11 de setembro mudarão o mundo, assim como a nossa vida particular. Aliás, isso acontece também nas guerras, e ninguém nunca avaliou a fundo o quanto elas acabam incidindo na vida de inúmeras pessoas e famílias, perturbando-a.

Eu não diria, como li há alguns dias, que se iniciou uma terceira grande guerra, mas que certamente as formas de combate mudarão no futuro, e que assistiremos ao fim dos grandes conflitos, transformados em uma miríade de focos locais. Isso refletir-se-á, verossimilmente, até na segurança cotidiana de cada um de nós: mais controle, menos liberdade, talvez menos segurança e mais incerteza. Prejudicará também a dimensão psicológica da vida cotidiana, aconselhando-nos prudência e, quem sabe, nos privando de algum prazer particular. Mas talvez nos torne também mais atentos: atentos à anarquia financeira, na qual os grupos terroristas cavaram um nicho para financiar suas ações, o que paradoxalmente colocou o capitalismo a serviço dos seus adversários; atentos à embriaguez tecnológica, na qual depositamos confiança demais, pensando que fosse onipotente, mas que, pelo contrário, pode facilmente ser destruída; atentos à indiferença ideológica, julgando que os valores políticos (depois da derrota inglória do comunismo) fossem perversos em si, ao passo que, na verdade, são um componente existencial do nosso "ser na sociedade". Tudo isso, em suma, nos chamou à atualidade, por assim dizer, e nos obrigará a observá-la mais atentamente, com maior participação, porque ela é o produto das nossas ações (ou inações).

Tudo isso nem reduz a periculosidade do terrorismo nem nos diz como enfrentá-lo. Sobre o fato de estarmos (metaforicamente) "em guerra" contra ele, não há dúvida nenhuma. Mas, para combater o terrorismo, devemos compreender-lhe a fundo a natureza e as motivações (por mais desagradáveis que sejam). Para mim (procurei neste livro fazer a apresentação mais neutra e objetiva que pude do fenômeno da guerra, a qual estudo sem dela gostar), descobrir que o fanatismo arma as mãos e as mentes dos terroristas não tranqüiliza nem um pouco. Eles sempre existirão mundo afora. O plano no qual devemos, ao contrário, manter (ou reproduzir) o conflito, quando ele se manifestar, é o da política, que eu entendo como análise, debate, reflexão e respeito mútuo. Não teremos, se assim soubermos fazer, medo de confessar a nós mesmos o que gostaríamos de calar: o mal não surge do nada, não é inexplicável nem incompreensível, mas sim produto da vontade humana. Ao nos perguntarmos o porquê de uma guerra ou de um ato terrorista, depois da execração e da dor, devemos sempre nos esforçar, lúcida e corajosamente, para encarar a realidade e, sem nos deixar levar pelo desânimo, julgar se podemos contribuir para moldá-la. Se a tarefa for pesada demais para nós, devemos pelo menos nos conformar com um pressuposto fundamental que, se fosse comum a todos, permitir-nos-ia dialogar de verdade, compreender-nos além das diversas culturas, que (é bom lembrar) são uma riqueza pertencente ao grande patrimônio comum da humanidade, e não um perigo: trata-se da tolerância, que é o princípio do diálogo, que por sua vez é a própria fonte da democracia.

L. B.

Turim, 29 de setembro de 2001

O QUE É A GUERRA

1. O "catálogo das guerras"

Por incrível que pareça, o conhecimento que temos acerca do que seja a guerra é extraordinariamente limitado, e quanto mais importante nos parece conseguir aprofundá-lo – saber mais sobre esse que é, na história da humanidade, o evento de mais alta concentração de valor que podemos imaginar – tanto mais exíguo ele se torna. É por isso que o percurso que nos dispomos a traçar recorrerá à pesquisa historiográfica, estratégica, filosófica e, enfim, política, na esperança de que o entrelaçamento dessas modalidades nos ajude a dar conteúdo aos quatro grandes temas em torno dos quais será organizada a nossa exposição: dessa forma, perguntar-nos-emos o que é a guerra, como é feita e por quais razões, e que significado ela tem na história da humanidade. Nada envolve tanto os seres humanos, de maneira tão íntima e completa, quanto a guerra e seus acontecimentos, com a dívida suprema que ela cobra, ou seja: a morte, a dor, as feridas e os sofrimentos, a mobilização de todos os recursos (econômico e espiritual, industrial e científico, ideológico e religioso), a destruição de todas as espécies de bens, dos grandes monumentos às bibliotecas, das

A GUERRA

fábricas às casas, sem conceder nenhuma distinção entre civis e combatentes, entre jovens e velhos, entre homens e mulheres, entre crianças e doentes. Quem melhor aborda esse assunto é Michel de Montaigne (1553-1592):

> *Quanto à guerra, que é a maior e mais pomposa das ações humanas*, eu gostaria de saber se queremos usá-la para provar alguma prerrogativa nossa ou, ao contrário, para testemunhar nossa debilidade e imperfeição. Na verdade, parece que a ciência da destruição e do matar-se uns aos outros, concorrendo para a ruína e destruição da nossa própria espécie, não causa muita inveja aos animais, que não a possuem*[1].

E assim, enquanto a ciência médica luta, ao longo de séculos, para fazer progredir a sua capacidade de aliviar as doenças e de salvar vidas humanas, a ciência da guerra se esforça para causar morte e sofrimento da forma mais devastadora e metódica possível.

Apesar disso, desde a época em que Homero redigiu o seu famoso "catálogo das naus", por meio do qual sabemos como era formado o corpo da expedição dos aqueus contra Tróia[2], até hoje, a nossa capacidade de proporcionar uma visão global e sistemática da guerra nos parece ainda assustado-

---

* Falta aqui um trecho que aparece no texto de Montaigne: "e da qual tanto nos vangloriamos". (N.T.)

1. M. de Montaigne, *Saggi*, ii, xii. Milão: Adelphi, 1992, p. 614. [Ed. brasileira: *Os ensaios*. São Paulo: Martins Fontes, 2001.]

2. Homero, *A Ilíada*, ii, v. 484-779. Nos versos seguintes, está também descrita a formação contrária; isso parece uma espécie de análise quantitativa prematura, cuja proposta sistemática mais recente e científica foi feita pelo *SIPRI Yearbook of World Armaments and Disarmament*, a mais conhecida e neutra fonte de dados e informações sobre a situação dos armamentos no mundo.

O QUE É A GUERRA

ramente primária ou aproximativa. Isso é demonstrado, paradoxalmente, ao final de uma das mais recentes (e também singulares) guerras, a do Golfo (iniciada no princípio de 1991, logo após a invasão iraquiana do Kuwait), pelo fato de nenhuma fonte importante ter conseguido contabilizar de maneira inconteste o número total de vítimas do próprio conflito, afirmando tratar-se ora de trinta mil, ora de trezentos mil mortos – o que torna obviamente inaceitável tanto uma quanto outra afirmação. De acordo com as principais obras de história militar que analisam a relação de forças em campo e a quantidade de baixas nas diversas guerras, esses dados seriam inadmissíveis, de qualquer forma. Apesar disso, é dito que a guerra do Golfo notabilizou-se por ter contado com a maior "cobertura dos meios de comunicação de massa" jamais verificada na história.

A razão que torna tão complexa e confusa uma sistematização conceptual do fenômeno bélico, e que serve ainda para a sua avaliação histórica, consiste na enorme variedade de manifestações nele contida. Se nos valermos das formas que as guerras assumiram, das modalidades segundo as quais foram travadas e dos objetivos que cada uma delas se impôs, podemos idealizar um tipo de tabela classificatória, organizada por *genus* e por *species*.

a) *Tipos de guerra*. A primeira, e mais elementar, consideração a ser feita diz respeito aos assuntos envolvidos em um conflito: podem tratar-se de Estados ou ainda de grupos, de maneira que distinguiremos a guerra *internacional*[3] da *inter-*

---

3. Esclareço desde já que a palavra "internacional" será, neste livro, utilizada não apenas para se referir a nações como também a Estados. Embora haja uma grande diferença entre um sentido e outro, as duas palavras acabam sendo usadas com muita equivalência.

23

A GUERRA

na (ou civil). Ambos os casos permitem uma dupla manifestação. No primeiro, podemos ter uma guerra *diádica*, isto é, uma guerra travada entre dois Estados (como no caso da guerra franco-prussiana de 1870), ou uma guerra *de coalizão*[4], travada por dois grupos de Estados aliados pela circunstância (a aliança não precede necessariamente o conflito e pode dissolver-se logo depois, como o ilustra de maneira admirável a dinâmica das relações entre os Estados Unidos e a União Soviética antes e depois da Segunda Guerra Mundial). No segundo caso, poderemos ter uma guerra *partidária*, na qual as facções entram em choque em uma condição de total ausência ou dissolução de uma autoridade central (como na guerra civil na China em 1945-1949); e uma guerra civil *internacionalizada*, na qual as partes em luta visam à separação e à constituição de novas entidades soberanas (como nos casos da guerra do Vietnã ou do conflito da antiga Iugoslávia).

b) *Modos de se travar uma guerra.* Também desse ponto de vista, algumas grandes distinções nos permitem sintetizar um amplo conjunto de casos; em primeiro lugar distinguiremos: as guerras *regulares* – ou seja, aquelas que são travadas segundo regras comuns e compartilhadas, recorrendo predominantemente a aparatos militares especializados – das guerras *irregulares*, que englobam todos os casos em que os instrumentos usados se apresentam como anormais, como é o caso da guerra de corso ou de grupos, e daquela a que chamamos geralmente "guerrilha", e também da guerra química

---

4. Por mais que o dado seja cronologicamente limitado, vale a pena assinalar que no período 1480-1941 houve 117 guerras diádicas, 28 com dois aliados contra um só Estado e doze casos nos quais três aliados combatiam um só Estado (excluídas as duas grandes guerras); cf. L. F. Richardson, *Statistics of Deadly Quarrels*. Chicago: Quadrangle Books, 1960, p. 250.

O QUE É A GUERRA

ou bacteriológica. Doutra forma, teremos guerras *convencionais*, aquelas que são travadas com armas e instrumentos do conhecimento comum, e guerras *não convencionais* (como a atômica), na qual uma ou ambas as partes depositam suas esperanças de vitória em alguma grande descoberta (tecnológica na maioria das vezes). Tanto uma quanto as outras podem ser também classificadas com base nas modalidades das operações militares, dando lugar à guerra de *movimento* (por exemplo, as campanhas de Napoleão) ou a de *posição* (como a Primeira Guerra Mundial, exaustivamente travada em trincheiras). Outras especificações mais minuciosas poderão mais tarde ser deduzidas das técnicas e dos campos de batalha escolhidos: o da guerra naval (e depois também submarina), terrestre, aérea e "nas estrelas".

c) *Objetivos de guerra*. Nesta questão, entramos em um âmbito muito rico e complexo, ao qual pertencem tanto a guerra de *conquista* quanto a de *libertação* (ou de independência); a guerra *dinástica* (ou de sucessão) e a guerra *religiosa*; a guerra *revolucionária* e a guerra de *defesa*. Mas a determinação dos objetivos "na" guerra não pode ser separada dos objetivos "da" guerra, se entendermos que, no primeiro caso, nos voltamos para a predisposição do plano estratégico de guerra (é exatamente o que Hitler faz quando, em 5 de novembro de 1937, expõe aos seus colaboradores políticos e militares os planos que depois teria efetivamente procurado realizar), enquanto, por outro lado, no segundo caso, voltamo-nos para a utilização que será feita da vitória (os exemplos mais claros disso são a Carta do Atlântico, redigida pelos Estados Unidos e pela Grã-Bretanha em agosto de 1941, e a Declaração das Nações Unidas de janeiro do ano seguinte, nas quais se delineia o modelo de uma futura ordem internacional). O que

A GUERRA

está em discussão nesse caso não é pura e simplesmente a conquista de um território ou a submissão de um rival, mas antes o poder de determinar o conteúdo da vida política posterior à conclusão do conflito: se Hitler vencesse a guerra por ele desencadeada, teria concebido uma ordem bastante singular para a vida política e social dos Estados e das populações submetidas ao seu controle. Diremos que os objetivos em geral se movimentam com uma desenvoltura bastante variada, podendo ser totais ou totalizadores (no caso da determinação de se conquistar uma hegemonia indiscutível, como na guerra do Peloponeso), ou ter uma abrangência muito mais limitada, como ocorre na guerra da Criméia (1853-1856), em que a coalizão anti-russa visava essencialmente impedir que o tzar expandisse o seu império à custa do decadente império turco.

d) *Dimensões da guerra.* Mas, mesmo depois de termos classificado os que viriam a ser os principais modelos historicamente verificáveis, ainda não conseguimos abranger a complexidade do fenômeno com êxito. Grandes ou pequenas, serão as guerras todas iguais? Qual seria, por exemplo, a diferença entre uma escaramuça de tropas ao longo de uma fronteira e um conflito crônico? Poderíamos talvez nos referirmos às dimensões materiais das guerras para delimitarmos mais especificamente o seu perfil? Os critérios mais intuitivos aos quais podemos recorrer parecem ser a *violência* exercida (medida com base na mortalidade determinada em cada conflito em particular), o *número* de Estados participantes, a *extensão geográfica* dos campos de batalha e também a *duração* (mesmo que este último aspecto possa deformar nossas imagens: conflitos de curta duração, como a Guerra Franco-Prussiana, de 1870, ou a Guerra dos Seis Dias, de 1967, tiveram efeitos bem mais duradouros que outros mais longos, porém menos inci-

O QUE É A GUERRA

sivos). Esse programa de sistematização dos conhecimentos empíricos é almejado, ao longo do século XX, por alguns grandes projetos de pesquisa. O primeiro deles foi realizado por Q. Wright (1890-1970), reconhecido como o mestre de todos os que sucessivamente se esforçaram por atingir a essência da guerra; enquanto o mais recente deles, orientado segundo os mais sofisticados métodos de pesquisa, é o *Correlates of War Project*, elaborado por J. D. Singer, um dos mais conceituados cientistas políticos da Universidade de Michigan.

Nas 1.637 páginas do seu *A Study of War*[5], Wright se propõe a apresentar e discutir *todos* os conhecimentos até então produzidos sobre a guerra, de vários pontos de vista: do econômico ao psicológico, do jurídico ao religioso, do demográfico ao tecnológico, do estratégico ao filosófico. Porém, o que resta de todo esse empreendimento, e que continua a ser utilizado até os dias de hoje, talvez não seja mais do que uns poucos apêndices acompanhados de tabelas que contêm todas as informações disponíveis sobre as 278 guerras travadas entre 1480 e 1940, com referências aos anos de início e fim de cada uma delas, aos Estados que as iniciaram, à quantidade de Estados participantes de um e de outro lado, ao número de batalhas, à natureza da guerra, ao número de combatentes e à incidência da mortalidade imediata. Sobre essas informações, um outro pesquisador estado-unidense, L. F. Richardson, estabeleceu, referindo-se ao período 1820-1949, um limite representado pelo número mínimo de 317 mortos[6] para que o confronto fizesse parte da lista de conflitos. E, por fim, Singer, na mais rica e

---

5. Q. Wright, *A Study of War*. Chicago: Univ. of Chicago Press, 1942 (uma edição revista foi publicada em 1965).

6. Richardson, op. cit.

A GUERRA

abrangente dessas coletâneas (destinada a apresentar os dados básicos para o desenvolvimento das correlações empíricas), propõe o limite inferior de mil mortos como condição para que se possa falar apropriada e verdadeiramente de guerra; ele observa também a época, a freqüência e a duração das 118 guerras que identificou no período 1816-1980[7].

Se levarmos em consideração as dificuldades objetivas com que esses pesquisadores se depararam para obter dados homogêneos e que pudessem ser confrontados a cada caso e a cada ano, tudo o que esse último experimento conseguiu foi levar a uma desilusão os que esperavam, com esse tipo de fisiologia da guerra construída a partir da observação direta, revelar seu significado e suas razões.

2. O modelo clausewitziano

Diante de tamanha variedade, devemos admitir que não conhecemos com exatidão nem sequer a origem da palavra "guerra", a menos que acreditemos na fantasia, cáustica e trocista, de François Rabelais (1494-1553), o qual declara ironicamente estar "a ponto de acreditar que a guerra seja em latim chamada *bellum* [...] simplesmente pelo fato de que na guerra se destaca toda espécie de fausto e beleza"[8]! Os empregos lingüísticos atuais de "guerra" relacionam essa palavra com

---

7. Cf. M. Small e D. J. Singer, *Resort to Arms: International and Civil Wars, 1816-1980*. Beverly Hills: Sage, 1982.

8. F. Rabelais, *Gargantua e Pantagruel*. Turim: Einaudi, 1973, p. 316.

O QUE É A GUERRA

três diferentes etimologias: o termo grego *polemos,* do qual um estudioso francês, Gaston Bouthoul, fez derivar a ciência das guerras, a polemologia[9]; o termo latino *bellum,* do qual a língua italiana tirou o conceito de *belicosità* [belicosidade] (com seus correlatos: belicoso, bélico e beligerante); o termo germânico *werra,* do qual se originaram tanto as formas neo-latinas *guerra,* italiana, e *guerre,* francesa, quanto a inglesa *war* (lembremos que, para aumentar a confusão, o alemão moderno recorreria depois, por outro lado, à forma *Krieg).* Mas, pelo fato de que, não existindo uma relação completa e fidedigna das guerras ocorridas ao longo da história, estimamos o número de conflitos da nossa era em oitocentos, e deduziremos que esse evento constitui, apesar de tudo, matéria de reflexão da maior importância; não importa se o consideremos, como no caso da etimologia grega, derivado de *polỹs* (muito, numeroso) ou, por outro lado, como uma extensão do termo latino *duellum,* que significa o confronto direto de duas pessoas (mas nós diríamos: dois grupos). Enfim, que *werra* indique um tumulto*, na verdade, parece relacionar as duas primeiras etimologias, de modo que a guerra nos pareça *o embate voluntário de muitos que se enfileiram em duas frentes opostas com o propósito de submeter um ao outro fisicamente.* Em conformidade com o que foi concluído, está a definição geral que o prussiano Carl von Clausewitz (1790-1831), o maior teórico da guerra, propôs (veremos mais adiante que a sua análise contém, no entanto, muitas passagens distintas e complexas):

---

9. Cf. G. Bouthoul, *Le guerre: elementi di polemologia.* Milão: Longanesi, 1982.

* A palavra italiana *mischia* significa "rixa", "briga", "luta", etc., mas pode significar também "multidão"; por isso, o autor dirá que as duas etimologias se relacionam. Para abarcar os dois sentidos, utilizamos o termo "tumulto". (N.T.)

A GUERRA

"A guerra é, portanto, um ato de violência com o qual se pretende obrigar o nosso oponente a obedecer à nossa vontade"[10].

O primeiro capítulo do livro I de *Da guerra* procura recolher os elementos essenciais da guerra. Clausewitz a compara a um camaleão, para salientar a mutabilidade, o polimorfismo e a imprevisibilidade da guerra. Com o espírito de um geômetra, Clausewitz identifica as três faces desse complexo triedro (portanto um sólido, permitindo assim que os elementos que o constituem se multipliquem). A guerra é dividida em três tendências fundamentais, que são o produto:

1. da violência original do seu elemento, do ódio e da animosidade, considerados como instinto cego;

2. do jogo das probabilidades e do acaso, que faz dela uma atividade livre da alma;

3. da sua natureza subalterna de instrumento político, através do qual volta a pertencer à razão pura e simples.

(*Della guerra*, I, I, 28, p. 40)

Apesar da sua simplicidade, essa definição "trina" (como a chama R. Aron, na mais importante e sistemática das interpretações da obra do general prussiano)[11] exprime as três acepções fundamentais que podemos dar à guerra: a guerra é "violência", tem um desfecho geralmente "imprevisível" e é um "cálculo" racional. Apesar de o próprio Clausewitz usar a imagem do triedro de forma um tanto simplificada, na qual cada uma das

---

10. C. von Clausewitz, *Della guerra*. Milão: Mondadori, 1970. [Ed. brasileira: *Da guerra*. São Paulo: Martins Fontes, 1996.]

11. R. Aron, *Penser la guerre: Clausewitz*. Paris: Gallimard, 1976, 2 vols.

O QUE É A GUERRA

três faces se refere, respectivamente, ao povo, ao general e seu exército e ao governo, o mais importante é lembrar que ele fez derivar dessa elaboração não apenas a conhecida máxima "a guerra é apenas a continuação da política por outros meios"[12], mas também um conjunto de características fundamentais (essenciais) aos conflitos, a partir das quais manifestam-se os possíveis "temperamentos" e as aplicações típicas que a realidade impõe à teoria. Concluímos assim que a guerra, na sua pureza típica e ideal, fundamenta-se ainda em três elementos: no *emprego absoluto* da força ("não se poderá introduzir um princípio moderador na própria essência da guerra sem cometer uma incoerência"), do que deduziremos que o esforço bélico é *ilimitado*, tratando-se de um choque de duas vontades que não podem encontrar freio, senão na derrota total de uma das duas; na *submissão* do adversário, necessária pelo fato de que a derrota não é senão a condição de "impotência" de um Estado, isto é, sua impossibilidade de retomar a luta, sem a qual "devemos nós próprios temer sermos submetidos"[13]; e, portanto, quando os beligerantes recorrem à força, não fazem outra coisa além de produzir uma "tensão extrema" (I, I, 5), que não pode ser detida senão pelo alcance da vitória.

Ainda que, agindo de acordo com essa tendência absoluta da guerra, alguns intérpretes (ou políticos) fizessem surgir a lenda de um militarismo clausewitziano, o que é de uma inconsistência absoluta, esta lenda dá, antes, a idéia pura e teó-

---

12. Essa proposição – exposta na importantíssima "Nota", de 1827 – será discutida em profundidade mais adiante, a partir do título do parágrafo 24 do capítulo I do livro I: cf. Clausewitz, op. cit., p. 38.

13. Esses três "critérios ilimitados" estão ilustrados nos parágrafos 3-5, do capítulo I do livro I (p. 21-23).

A GUERRA

rica de uma guerra que, na sua essência, não é nada mais que um duelo passional, extremo e ilimitado. Além disso Clausewitz sabe muito bem que a realidade jamais corresponde perfeitamente aos modelos abstratos e que as conseqüentes modificações derivam do fato de que a guerra nunca é um ato isolado, não consiste num golpe único e instantâneo, e o seu resultado nunca é absoluto, visto que "as probabilidades da vida real tomam o lugar das tendências ao extremo"[14]. A guerra real mover-se-á, portanto, sempre entre dois limites (lógicos, não materiais): o da submissão do adversário e o do reconhecimento da natureza política de cada guerra; de modo que as guerras, em suma, acabam por apresentar-se segundo uma "forma dupla":

> *Na primeira forma, o escopo da guerra é* derrubar o adversário, *seja ao destruí-lo politicamente, seja ao impossibilitálo simplesmente de se defender, impondo-lhe, assim, a paz que se pretende.* Na segunda forma, o escopo da guerra limitase ao propósito de fazer alguma conquista ao longo das fronteiras do Estado, *seja porque se pretenda conservá-la, seja porque se queira explorá-la como um meio favorável de troca nas negociações de paz. Todavia, as formas intermediárias de guerra têm, também, o direito de subsistir*[15].

Se esse é o quadro teórico-sistemático dentro do qual o pensamento de Clausewitz se move, no livro oitavo ele esclarece que é dever da teoria

---

14. Esse é o título do parágrafo 10, sempre do capítulo I do livro I (p. 27).
15. Clauzewitz, op. cit., p. 9. Esse esclarecimento encontra-se na "Nota", tornouse célebre pelo debate que suscitou entre os especialistas.

O QUE É A GUERRA

partir do conceito básico da forma absoluta da guerra como ponto de orientação geral, a fim de que aqueles que queiram apreender alguma coisa da teoria se acostumem a nunca perder de vista essa forma, considerando-a como mãe de todas as suas esperanças e temores, e dela se aproximem quando for possível *ou quando* necessário.

(*Della guerra*, VIII, II, p. 777)

Por outro lado, a teoria deve admitir que a guerra é sempre um instrumento da política, uma "continuação do trabalho político" e, mais precisamente ainda, "uma espécie de escrita ou de linguagem nova para se exprimir o pensamento político"; uma língua que "possui indubitavelmente a própria gramática, [e não possui] uma lógica própria" (VIII, VI, b, p. 811). Em suma, "a política gerou a guerra: ela é a inteligência, enquanto a guerra não passa de instrumento" (VIII, VI, b, p. 814).

Tudo isso, em teoria; mas a guerra é também história, e Clausewitz demonstra sabê-lo muito bem quando vislumbra nas guerras da era revolucionária (as sucessivas *levées en masse*[*] decididas pelos franceses para defender as "fronteiras naturais" na batalha de Valmy, em 20 de setembro de 1792) uma mudança total de caráter, devido ao desaparecimento do elemento nacional, diante do qual a guerra

aproximou-se muito da sua essência original, da sua perfeição absoluta. Os meios empregados não tinham mais limites visíveis; esses limites confundiram-se na energia e no entusiasmo dos governos e dos súditos. A energia despendida na condução da guerra aumentou de maneira extraordinária, seja pela

---

[*] Em francês no original, "levante em massa". (N.T.)

A GUERRA

importância dos meios, seja pela apaixonada exaltação dos sentimentos. O objetivo militar passou a ser a submissão do adversário; apenas depois de subjugá-lo e torná-lo impotente, é possível capturá-lo para se chegar a um acordo sobre objetivos recíprocos. E, dessa forma, o elemento da guerra, ou seja, a sua essência primitiva, desembaraçada de qualquer barreira convencional, irrompe com toda a sua violência natural.

(*Della guerra*, VIII, III, b, p. 793-94)

Por esse caminho, chegaremos a uma explicação essencial de caráter historiográfico: as guerras da história, mesmo que todas pertençam a um mesmo *genus*, manifestam-se em inúmeras situações casuais que podem ser transpostas para diversas e específicas configurações locais. Todavia, essas situações são determinadas pelo nível de desenvolvimento dos assuntos da guerra e da sua estrutura de organização: as guerras da época das cidades-estados gregas são diferentes das do mundo moderno fundamentado nos regimes absolutistas e no patrimônio, sendo que estas últimas, por sua vez, divergem ainda das que ocorreram na época da explosão do princípio nacional. Todas elas, entretanto, são diferentes da guerra total experimentada no século XX e, ainda mais, daquela tão temida, mas nunca travada (até agora) que é a guerra nuclear.

3. Desenvolvimento histórico das formas de guerra

Não seria oportuno acrescentar ainda, a esta tentativa de definição e sistematização, o relevo que o momento dinâmico

O QUE É A GUERRA

da guerra assume, com os movimentos e abalos que ela produz? Que diferenças existem entre os diversos modelos de acordo com os quais ela pode se manifestar? Isso depende ao mesmo tempo da evolução da política internacional e do desenvolvimento das formas de organização social (que vão da estrutura dos exércitos até o nível das capacidades produtivas de determinado povo ou país) estabelecidas ao longo do tempo. Do primeiro ponto de vista (que trataremos em seguida, enquanto o segundo será discutido mais adiante), distinguiremos sistemas internacionais bipolares ou multipolares, antes de tudo, de acordo com as dimensões espaciais, mas, sobretudo, segundo os modelos de controle das relações entre os Estados nos quais se inspiram as grandes potências. Assim, a história grega antiga conhece duas grandes fases bipolares: a do choque hegemônico entre o império persa e a Grécia (490-478 a.C.), e entre Atenas e Esparta mais tarde, o que resultaria na guerra do Peloponeso (431-404 a.C.); no século seguinte, Alexandre, o Grande (356-323 a.C.), se lançaria inutilmente em um projeto hegemônico semelhante, também antipersa. A fase romana da história ocidental também vai se articular em torno de um eixo de choque bipolar com as guerras púnicas (a Primeira, entre 264 e 241 a.C., e a Segunda, de 218 a 202 a.C.), as quais – assim como as anteriores e as que se sucederiam pelos séculos seguintes – foram travadas utilizando técnicas que, em sua essência, continuam inalteradas, se não se levarem em conta algumas pequenas transformações táticas e inovações organizativas secundárias.

Essa história inevitavelmente eurocêntrica tem como conseqüência uma tentativa, grandiosa apesar de vã, de estabelecer um sistema unipolar (ou melhor, integrado) da história: da época de Carlos Magno até o final da Idade Média, o pro-

35

A GUERRA

grama político da *Respublica christiana* (que se realiza na proposta do Sacro Império Romano) alcança diferentes sucessos ao se tornar um tipo de unificação que se fortalece, de um lado, pela formação de um direito internacional precoce, ainda que primitivo (mas jamais revogado), e de outro, pela manifestação de um novo conflito bipolar, que vê oscilar o seu eixo em direção ao Oriente Médio, com a afirmação daquilo que mais tarde será o império otomano e a organização das Cruzadas. Todavia, a esse deslocamento não corresponde ainda nenhuma inovação extraordinária no plano da organização das forças militares, se excetuarmos o relevante crescimento do uso da cavalaria (apesar do peso dos arreios e da redução dos combates corpo a corpo).

O período compreendido entre os séculos VI a.C. e XIV d.C. constitui uma verdadeira e longa "idade do ferro", que se encerra clamorosamente com o encontro de duas grandes invenções cujas conseqüências jamais serão suficientemente realçadas. Com efeito, entra em cena a pólvora para disparo (a qual consideraremos o símbolo da transformação do universo militar), acompanhada, ao mesmo tempo, de uma forma original de organização político-territorial (que virá a ser chamada de "Estado moderno"). A forma "Estado moderno" incide sobre a guerra incrementando a sua extensão e intensidade: uma prova espetacular disso foi a guerra iniciada em 1521 entre Carlos V e Francisco I. Grandes monarquias territoriais e patrimoniais consolidam-se na Europa, lançando as sementes da transformação multipolar do sistema internacional (se bem que, em suas diversas fases, não seja difícil verificar a manifestação de uma potência hegemônica), ao qual corresponde uma capacidade de fogo (verdadeira e não metafórica) que recorre a fuzis e canhões, cujas produções e inovações técnicas afins

36

O QUE É A GUERRA

multiplicam a mortalidade específica dos combates, em proporção ao aumento da magnitude dos objetivos de guerra.

Enquanto novos e significativos avanços tecnológicos e militares tardam a chegar, é a política, mais uma vez, que aponta os novos rumos determinados pelo impacto internacional da Revolução Francesa e pelo conseqüente e ambicioso traçado hegemônico de Bonaparte: irrompe em cena a idéia de nação (a soberania escapa ao controle da autoridade *legibus soluta* para colocar-se sob o da cidadania, transformando-se, dessa forma, em soberania popular), destinada, a partir de então, a contrapor a história da política internacional ou, mais especificamente, a das guerras. Da constituição da Santa Aliança (1815), cujo intuito era frustrar todas as tentativas direcionadas à formação de novas unidades estatais independentes, até as guerras de descolonização da segunda metade do século XX, poucos são os conflitos que não foram motivados pela cobiça de algumas nações dominantes ou pela afirmação de nacionalidades até então reprimidas. É somente a partir dessas novas e exasperadas exigências políticas que os efeitos da grandiosa revolução industrial cederão diante de exigências militares, inovando a tecnologia dos dispositivos de disparo (especialmente nos fuzis) e do armamento naval quanto à velocidade dos movimentos e (com maior relevo) à blindagem dos cascos, que terá um impacto notável sobre o andamento das operações militares ao tempo da guerra da Criméia (1853-1856). Mas blindagem logo significaria aço e, graças à utilização em grande escala do petróleo e de seus derivados (que viria logo em seguida), o automóvel e depois o aeroplano provocariam um sensível abalo em todas as técnicas de manobra e de direcionamento nas operações de campo. Dessa forma, a indústria seria o centro da relação entre a política internacional e o

37

desenvolvimento dos modelos de conflito. Como se sabe, tudo isso culminaria (ou se acerbaria) no período compreendido entre a guerra civil estado-unidense (1861-1865) e a Primeira Guerra Mundial (1914-1918). Acredita-se que esses primeiros conflitos da assim chamada "modernidade" elevaram o potencial destrutivo das guerras ao seu ponto mais alto; pois neles já não era mais possível distinguir entre civis e militares, entre alvos militares e zonas de proteção civil. O envolvimento do Estado na guerra é total e tende a adquirir a dimensão do totalitarismo, como será provado na maior de todas as guerras da história, a Segunda Guerra Mundial, que (além de uma mortandade que beira os cinqüenta milhões de vítimas) estaria em condições de colocar em campo um poder incomensurável em relação a todos os do passado: o da energia atômica.

A dimensão política e a dimensão estratégica parecem juntar-se dessa maneira, depois de quase três mil anos de história, quando foi sendo delineado um novo modelo bipolar, fundamentado ao mesmo tempo no choque entre dois universos ideológicos (o do capitalismo e o do socialismo) e entre duas grandes potências nucleares (os Estados Unidos e a União Soviética), cujos arsenais seriam capazes de provocar um "inverno nuclear", coisa inédita na história. Algo que seria o resultado de um conflito nuclear destinado à destruição recíproca, e que ocasionaria uma nova era glacial sobre o planeta, levando o homem de volta às cavernas. A segunda metade do século XX estaria destinada, assim, a desenvolver-se segundo um extraordinário paradoxo: a política pediria à estratégia que organizasse os instrumentos de um conflito monstruoso, que ela mesma deveria se esforçar mais tarde para não deixar acontecer! As armas representariam uma ameaça tão grande que haveria de desencorajar qualquer um que a elas pensasse em recorrer de fato: mas esse é o panorama de um mundo que acabou de ser sepultado entre os escombros do Muro de Berlim, demolido em 9 de novembro de 1989, e a dissolução do império soviético, consagrada na noite de 25 de dezembro de 1991 pela remoção da bandeira da URSS da cúpula do Kremlin. A guerra levou a humanidade à beira da dissolução; a política retirou-a do abismo. Uma nova era provavelmente começou; como terminará?

4. A guerra na Antigüidade

Depois de havermos decomposto esse fenômeno unitário que é a guerra em seus vários componentes – caracterizando tipos, modos, dimensões e fins; causas, circunstâncias e razões; totalidade, amplitude e tensão extrema; espaço-temporalidade, nas dimensões do entrelaçamento entre os modelos de ordem internacional bipolares e multipolares e a sucessão entre épocas militarmente homogêneas –, é o momento de colocá-lo no seu contexto natural e verdadeiro, ou seja, nas sociedades que o experimentaram, e para as quais a guerra é paradoxalmente um fator "vital", uma espécie de recorrência inextinguível no horizonte evolutivo e cultural da humanidade.

Podemos, dessa maneira, traçar o esboço de uma fase histórica cuja característica é a forma de invasão, a primeira grande manifestação guerreira a que podemos remontar. A origem dessa forma dá-se nos grandes deslocamentos populacionais de um ambiente geográfico para outro, os quais determinam as gigantescas transformações culturais que resultam, primeiro, do conflito e, depois, da mistura e da integração entre costumes e

A GUERRA

conhecimentos diferentes e heterogêneos. Exemplos disso: o impacto que a infiltração dos hicsos, guerreiros nômades, provocou no Médio Império egípcio (entre 2000 e 1700 a.c.); as migrações indo-européias em direção à Grécia (1200 a.c.); o aparecimento dos etruscos na Itália, no ano 1000 a.c. A guerra começa a assumir, a partir de então, predominantemente a forma da ocupação (ou usurpação), enquanto na fase precedente ela consistia principalmente de aniquilamento e pilhagem, representada por uma rápida incursão nos territórios limítrofes, destinada a ser de breve duração e conduzida apenas por soldados.

Não seria desviar do assunto observar que a "guerra arcaica" encontra a sua justificativa, além das circunstâncias do momento, em uma concepção totalmente particular de distância, que pode ser resumida na idéia de que aquilo que está distante é desconhecido; por ser desconhecido, é aprioristicamente considerado bárbaro e, *por conseguinte*, inimigo. Heródoto (484-430 a.C.) demonstrou, com maestria, essa postura em relação aos persas, os quais

têm grande apreço por todos, mas dão prioridade a si próprios e aos que moram mais perto deles; em seguida, estimam mais os outros quanto menor a distância que deles vivem; têm menos consideração pelos que moram mais longe deles. Como justificativa para isso, alegam os persas serem eles próprios superiores a todos os povos, em todas as coisas, e que a virtude dos demais é tanto maior quanto menor a distância que estes vivem daqueles. Por este motivo, aqueles que moram mais longe são os mais desprezíveis[16].

---

16. Heródoto, *Le storie*, I, 134, 2. Florença: Sansoni, 1967, p. 46. [Ed. portuguesa: *Histórias*. Lisboa: Edições 70, 1996-2000, 6 vols.]

40

O QUE É A GUERRA

Dessa forma, podemos afirmar, como ponto de partida para as várias reflexões acerca da natureza das guerras, que a hostilidade causada pelo desconhecido é uma espécie de condição natural, primitiva, que deu origem à história dos contatos entre os povos[17], fazendo da paz, desde então, uma circunstância convencional (enquanto produto de uma decisão tomada ao final de um conflito) e cultural (determinada pela afirmação de um povo sobre outro; tanto é verdade, que ela se dá, quase sempre, sob a forma de *submissão* de um povo a outro), imprimindo na história subseqüente uma marca que não seria jamais apagada.

Talvez seja isso mesmo o que o filósofo grego Heráclito (c. 550-480 a.c.) quer dizer ao afirmar, no famoso fragmento LIII, que "a guerra é rainha e mãe de todas as coisas. Alguns ela revelou como deuses; outros, como homens; de alguns fez escravos; de outros, homens livres". Ele pretende colocar em evidência, de acordo com a sua teoria dos opostos, não apenas que a guerra situa-se entre os acontecimentos naturais e perenes da vida humana, mas também que a ela cabe uma função política de grande alcance: fazer a distinção entre vencedores e vencidos, entre governantes e governados, de maneira que a fonte do próprio poder político será buscada nela mesma (embora seja necessário acrescentar que o conceito de transformação, presente em Heráclito, deveria levar-nos a admitir uma incessante repetição do rito da guerra e da mudança dos vencedores em vencidos e dos vencidos em vencedores).

---

17. Ainda em 1853, C. Cattaneo se inspiraria na mesma elaboração: a guerra, "com a conquista, com a escravidão, com os exílios, com as colônias, com as alianças, põe em contato as mais remotas nações: faz nascer da sua mistura novas estirpes, línguas, religiões e novas nações mais civis" (*Del diritto e della morale*, parágrafo 10, agora em *Scritti filosofici*. Florença: Le Monnier, 1960, vol. III, p. 339-40).

A GUERRA

Mas a guerra parece perder esse caráter endêmico quando, com o desenvolvimento das civilizações sedentárias, a ela não cabe apenas a simples tarefa de conquistar pastagens, mulheres ou matérias-primas, mas também a de exercer um domínio "internacional" (como dizemos hoje) sobre outros povos, sobre outras regiões. Se é verdade, como observa Arnaldo Momigliano (1908-1987), que pelos gregos a guerra é aceita "como um fato natural, assim como o nascimento e a morte"[18], e que essa seria a razão profunda do escasso interesse científico que têm por ela, é também verdade que a guerra se tornaria, a partir das guerras persas (século VI a.C.), o instrumento de grandes projetos imperialistas – compreendidos não mais segundo a ocupação territorial, mas segundo a hegemonia político-econômica –, determinando uma grande virada que a transforma de acontecimento particular, ou predominantemente socioeconômico, em problema público e coletivo, no qual os mesmos cidadãos que deliberam nas praças devem participar das operações militares, pondo em risco suas próprias vidas. Nesse momento formam-se as cidades-estados, as primeiras a incorporar também grandes projetos de expansão, como seria o caso da Grécia em relação à Itália e, ainda mais, o de Roma na bacia do Mediterrâneo e, depois, na Europa continental. No caso desta última, a lógica da transição das formas arcaicas (invasão, devastação) para a imperialista surge claramente com o desenho da consolidação traçado inicialmente na região do Lácio, a partir do século V a.C., com as diferentes guerras latinas (contra os sabinos, os etruscos de Veios, os volscos e os samnitas), e é ampliada com as

---

18. A. Momigliano, *Alcune osservazioni sulle cause di guerra nella storiografia antica*, agora em *Storia e storiografia antica*. Bolonha: Il Mulino, 1987, p. 56.

O QUE É A GUERRA

conquistas territoriais itálicas do século IV, antes que a etapa seguinte determine o primeiro contato "internacional" com o Épiro de Pirro em conseqüência da expansão romana na Magna Grécia (281-275 a.c.), que anuncia o salto de qualidade representado pelo início do combate imperial contra Cartago (Primeira Guerra Púnica, 264-241 a.c., e Segunda Guerra Púnica, 218-202 a.c.), cuja vitória marcaria o destino expansionista da plurissecular potência romana.

Apesar de a guerra assumir cada vez mais um caráter político, não perde, contudo, a ligação com a categoria do sagrado (e talvez nunca venha a perder): se desde os tempos mais remotos a intervenção das divindades para determinar os destinos das batalhas parece (supersticiosamente) decisivo aos homens que se preparam para o combate, a guerra logo se sacraliza, como no caso do povo de Israel, guiado por Deus à procura da terra prometida:

> *Quando o Senhor teu Deus te tiver introduzido na terra que vais possuir e tiver exterminado à tua vista muitas nações, os heteus, os gergeseus, os amorreus, os cananeus, os ferezeus, os heveus, e os jebuseus, que são sete povos muito mais numerosos do que tu és, e muito mais fortes do que tu; e o Senhor teu Deus tas tiver entregue, tu as passarás a cutelo sem que fique nem um só. Não celebrarás concerto algum com elas, nem as tratarás com compaixão[19].*

Nem vale a pena chamar a atenção – a não ser para a modernidade da linguagem utilizada – para a circunstância de

---

19. *Deuteronomio*, 7, 1-3. O cap. XX do mesmo livro, de título "Norme per la guerra", é uma síntese muito eficaz do que está sendo exposto.

A GUERRA

que temos aqui simplesmente a manifestação precoce de um modelo de guerra voltado a um destino importante: qual a guerra que não é chamada "santa" ou sagrada (mas nunca religiosa) por quem a deseja? Os rituais, portanto, não serão abandonados. Virgílio é quem nos descreve as tradições romanas:

> *Costume era do Lácio, e que adotado*
> *Na Albânia o guarda a portentosa Roma,*
> *Lagrimáveis batalhas quando apresta*
> *Ao Geta, Árabe, Hircano, ao Hindu eôo,*
> *E reconquista aos Partos as bandeiras,*
> *Duas portas haver, bélicas ditas,*
> *Que santo horror defende e o cru Mavorte:*
> *Barras, ferrolhos cem de bronze as trancam*
> *Sempre ao limiar de sentinela Jano.*
>
> (*A Eneida*, VII, 607-15)[*]

Enquanto devemos a Lívio a explicação de que o templo de Jano Bifronte não ficaria fechado a não ser por dois breves períodos, depois do final da Primeira Guerra Púnica e depois da vitória de Otávio contra Antônio em 30 a.c., quando se concretiza a condição daquela paz imperial que Horácio (65-8 a.c.) celebraria alguns anos mais tarde no seu famoso *Carmen saeculare*.

Em estreita correlação com o componente sagrado está naturalmente o jurídico, que na mentalidade coletiva faz com que a guerra pareça, desde os primórdios da história, um tipo de processo judicial em que o vencedor "tem sempre razão".

---

[*] Tradução para o português de Manuel Odorico Mendes, *A Eneida*. São Paulo: Atenas Editora, 1956, p. 206-7. (N.T.)

44

O QUE É A GUERRA

A origem do "ordálio" (juízo de Deus) não é nada mais que a
fusão das duas coisas, posto que a concepção de "guerra justa"
que dele resulta se concretiza na equiparação do rito guerreiro ao processual. Tanto é verdade que desde a Antigüidade a
declaração formal do conflito, o respeito às tréguas e à função
dos mensageiros e embaixadores seriam considerados condições suficientes para legalizar as guerras. Em Roma, uma classe de sacerdotes, os feciais, era especificamente destinada ao
ofício da declaração de guerra e do acordo de paz, segundo os
ritos prescritos; baseando-se nisso, comenta Cícero (106-43 a.C.):
"pode-se ressaltar que é justa apenas a guerra que se trava por
reparação de ofensa ou após ameaça e declaração"[20].

Se levarmos em conta as circunstâncias em que essas sucessivas especificações do direito de guerra acompanharam
lado a lado o deslocamento do eixo central da política mundial (para aquele tempo), não nos espantará se, com o declínio
do modelo romano – a divisão entre o império do Ocidente
e do Oriente – e a inauguração da era das invasões bárbaras,
o desenvolvimento da reflexão sobre a guerra se tenha esgo-
tado, devido à grande pluralidade de novos personagens que
irrompem em cena (visigodos, suevos, vândalos, burgúndios,
ostrogodos, longobardos, francos) ou do papel essencial que
cada um deles representa na guerra, entendida esta como a
única alternativa ao declínio. Pode-se dizer que nesses séculos
a Europa conquista uma unidade espiritual, até então exclusivamente territorial, mas que ora toma forma sob uma única e dominante instância religiosa, à qual Carlos Magno (742-814 d.C.)
dá, sob a égide de uma recém-nascida potência política do

---

20. Cícero, *Dei doveri*, I, XI. Bolonha: Zanichelli, 1981, p. 51. [Ed. brasileira: *Dos
deveres*. São Paulo: Martins Fontes, 1999.]

A GUERRA

centro religioso representado pelo papa romano, uma primeira consistência continental. A partir daí, os sucessos do império e do papado, por cerca de mil anos, estariam estreitamente ligados aos sucessos das transformações da guerra.

5. A era do Estado moderno e suas guerras

O mundo que emerge da crise medieval do século X contém em si o embrião de outro grande cisma bipolar[21], que levaria a concretizar, na costa meridional do Mediterrâneo, um novo império baseado não simplesmente em instâncias imperiais ou de conquista, mas nos ditames da religião islâmica, a qual faz da difusão da fé um verdadeiro dever religioso. O mundo católico, representado pelo Sacro Império Romano, e o mundo do Crescente se encontram, pela primeira vez, na batalha de Poitiers, em 732, e continuarão a travar o braço-de-ferro na era das "guerras de libertação" ou Cruzadas (entre 1096 e 1270 haverá sete delas), numa contenda sem tréguas. O que melhor do que a fé poderia justificar o extermínio dos adversários? Assim, a era das grandes batalhas se aproxima, e a ciência militar perde os modelos emprestados pelo exército romano à medida que se desenvolvem os primeiros grandes movimentos de reorganização social

---

21. Tão radical a ponto de ser ainda, no final do século XX, considerado a possível fonte do mais grave conflito imaginado para o futuro; cf. S. P. Huntington, "The Clash of Civilizations?", *Foreign Affairs*, LXXII, 3, 1993. Esse ensaio foi objeto de um acirrado debate, o qual o próprio autor continuou em um novo livro: *Lo scontro delle civiltà e il nuovo ordine mondiale*. Milão: Garzanti, 1997.

O QUE É A GUERRA

na Europa: a maior parte dos exércitos se transforma em propriedade de nobres, isto é, os que possuem os recursos para obter um armamento sólido e temível (lança e espada, elmo cônico, túnica de malha de ferro). Por outro lado, o desenvolvimento da agricultura, que prende os camponeses à terra, os faz mais vítimas das devastações, das represálias e das epidemias do que a massa dos combatentes. O cavalo separa definitivamente estes daqueles, determinando também as condições para o ritual típico da era cortês do duelo entre nobres e entre heróis, enquanto a tropa não seria mais que uma massa de manobra disponível nas grandes batalhas: como a de Bouvines (1214), na qual Felipe Augusto da França detém a expansão inglesa no continente dirigida por João sem Terra; a de Crécy (1346), na qual o invasor britânico* transforma um direito hereditário em uma tomada de posse; a de Azincourt (1415), na qual a vitória favorece a Inglaterra de Henrique V, durante a Guerra dos Cem Anos. Esta última, contudo, beneficia menos a potência marítima do que a francesa, a qual, pelo contrário, retira das dificuldades suportadas no período em que é invadida o estímulo para realizar o processo de formação nacional.

De qualquer maneira, a Idade Média se distingue pela concepção da guerra como um evento de "longa duração" (para usar a linguagem de Braudel), que se inflama em algumas batalhas, pouco numerosas e distantes no tempo. Francesco Guicciardini (1483-1540), o grande historiador e escritor político florentino, sintetiza as condições da transformação histórica em andamento melhor do que ninguém em uma única página:

---

*   Trata-se de Eduardo III. Esse constitui o primeiro grande confronto da Guerra dos Cem Anos e a primeira batalha em que o canhão é usado. (N.T.)

47

A GUERRA

em nossa era, os métodos da guerra passaram por grandes mudanças: visto que, antes que Carlos, o rei de França, marchasse sobre a Itália, o peso do combate era sustentado muito mais por cavaleiros armados até os dentes do que pela infantaria, e que as máquinas usadas contra outras terras eram difíceis de transportar e manejar, apesar de os exércitos se envolverem freqüentemente em batalhas, eram muito poucas as mortes, muito pouco o sangue que corria, e as terras atacadas se defendiam com tanta facilidade (não por méritos da defesa, mas por demérito do ataque) que não havia terra tão pequena e tão frágil que não pudesse se defender por muitos dias dos grandes exércitos de seus inimigos: de maneira que apenas com enorme dificuldade era possível tomar pelas armas Estados pertencentes a outrem. Mas, com a vinda do rei Carlos para a Itália, o terror de novas nações, a crueldade de uma infantaria determinada a guerrear de um outro modo e sobretudo a fúria das artilharias encheram toda a Itália de tanto pavor que não restava àqueles que não tivessem força para resistir à campanha nenhuma esperança, porque os homens, inexperientes para defender as terras, rendiam-se assim que os inimigos se aproximavam, e mesmo se tentassem resistir, em poucos dias seriam derrotados[22].

Todos os elementos da reviravolta estão aí contidos: a guerra no passado era rústica; as armaduras, muito pesadas para manobras de surpresa e assaltos corajosos, o que tornava baixa a taxa de mortalidade, pois a defesa facilmente prevalecia sobre o ataque (Clausewitz aprovaria essa observação). A incursão de Carlos VIII na Itália em 1494 é o sinal da transfor-

---

22. F. Guicciardini, *Storia d'Italia*, XV, V. Turim: Einaudi, 1971, p. 1535.

O QUE É A GUERRA

mação: o exército que chega da França é um exército *nacional*, adotando técnicas de guerra inovadoras porque já dispõe da artilharia, a qual está destinada a determinar um novo salto qualitativo na história dos conflitos bélicos.

Apesar de a célebre síntese de F. Cardini, *Quell'antica festa crudele*[23], insistir em julgar as guerras travadas entre o século XI e 1789 unitárias e homogêneas em suas formas, a invenção da pólvora de disparo – a produzida por Roger Bacon (1212-1293), a do monge alemão Schwarz (1310-1384), ou a dos cientistas de Gengis Khan (1167-1227) – introduz na guerra, paulatinamente, não apenas um instrumento capaz de provocar a morte a uma distância muito maior do que a das flechas e ferimentos corporais mais graves, mas também uma revolucionária inovação produtiva, o que talvez seja o mais importante: a tecnologia entra no cenário da guerra para não mais abandoná-lo. A evolução do conhecimento logo resultará no fabrico do canhão e, depois, do fuzil (embora na forma primitiva de arcabuz); mas os países tecnologicamente mais desenvolvidos, já especializados na fusão do bronze, como Flandres, Suécia e Inglaterra, estão também aparelhados do ponto de vista naval, e o armamento dos navios para a guerra imporá uma aceleração produtiva ulterior. A *Invencível Armada* espanhola, destruída em 1588 pela Inglaterra, estava equipada por nada menos que canhões adquiridos no país inimigo. Se por um lado está correto dizer que a tecnologia não é suficiente para inovar a teoria da guerra, por outro não se pode menosprezar o fato de as "armas de fogo" passarem a atingir estádios produtivos satisfatórios e, em certa medida, de vulto, justamente no momento em que os primeiros grandes Estados europeus

---

23. Milão: Il Saggiatore, 1987.

49

A GUERRA

alcançaram a consciência da sua identidade nacional (Inglaterra, Espanha, França e, mais tarde, a República das províncias unidas holandesas). A escalada das guerras, por sua vez, influencia a produção industrial e cria uma diversidade satisfatória para os exércitos e para impérios, como o otomano, cuja confiança no próprio desenvolvimento técnico é bastante limitada. A humanidade, aliás, acaba de entrar na era do capitalismo: política, economia e indústria se associam para favorecer o desenvolvimento das primeiras grandes concepções otimistas do progresso. A Guerra dos Trinta Anos (1618-1648) ergue-se no centro dessa evolução e, por isso, pode ser considerada a primeira guerra "mundial" da era do Estado moderno. É nesse momento, portanto, que se originam as próprias relações internacionais, dando vida a um conflito cujas dimensões espaciais, mortalidade e devastações materiais não podem ser comparadas às de quaisquer outras guerras do passado[24]. As conseqüências histórico-políticas são ainda mais determinantes: as relações internacionais consolidam seus direitos nas várias cláusulas dos tratados de Osnabrück e de Münster (Paz de Westfalia, 1648); a política se separa da religião secularizando-a sob a condição *cuius regio, eius religio* (formulada já pela Paz de Augusta, de 1555); o desenvolvimento dos Estados nacionais acelera-se da mesma forma que o cultural e

---

24. Talvez melhor do que qualquer tratado de história, *L'avventuroso Simplicissimus* (1969), de H. J. Grimmelshausen (Milão: Mondadori, 1982), exprime o alcance dessa guerra, cuja moral aparece claramente: "a continuação da minha história exige que eu transmita à posteridade as horríveis e espantosas atrocidades que foram realizadas no decorrer de nossa história alemã, tanto que eu mesmo posso testemunhar que, muitas vezes, o Altíssimo, na sua bondade, teve de nos atingir com um mal semelhante para o nosso bem" (p. 15); eis uma afirmação que pouco menos de dois séculos depois ainda será repetida pelo filósofo reacionário J. de Maistre (1753-1821).

O QUE É A GUERRA

produtivo. Não é difícil entender por que, mesmo nessas condições, parece ter a arte da guerra entrado em um compasso de espera. A concepção patrimonial do Estado (quando Luís XIV proclama "O Estado sou eu", não faz uma afirmação excêntrica, mas registra o elemento decisivo da luta política de sua época) faz com que as despesas de guerra se tornem uma das principais preocupações do soberano, que descobre aos poucos que o custo das guerras pode ser maior que o ganho das vitórias[25]. Disso resulta uma teoria estratégica extremamente inovadora porque visa alcançar a vitória derramando a menor quantidade de sangue possível[26]. Essa estratégia propunha a eliminação das grandes manobras "geométricas", que dispunham sabiamente as tropas sobre o terreno segundo rigorosas regras logarítmicas, provocando os tradicionais, sangrentos e de resultado sempre incerto, combates frontais entre massas mal armadas e não mais dispostas à selvagem carnificina do duelo de arma branca.

Se, por um lado, a figura de Frederico II, considerado na dimensão de "rei filósofo" e não de porta-estandarte do militarismo prussiano, é a mais precisa expressão do estado da teoria da guerra na era pré-revolucionária, por outro lado, não há dúvida de que ele representa a imagem extrema de um mundo que está às voltas com o ocaso: entre as muitas conseqüências da Revolução Francesa, uma delas estará, de fato, ligada à

---

25. Já o devia ter experimentado Carlos V, cujo ímpeto expansionista tinha sido sufocado pelas dívidas contraídas com os grandes banqueiros da época, sobretudo os Fuggers. Depois, entre os primeiros que discutirão o assunto estarão: B. Constant, *De l'esprit de conquête et de l'usurpation* (1814), e C.-H. de Saint-Simon, *L'industrie* (1817).

26. Essa excepcional conjuntura foi exposta com bastante habilidade por G. Ritter, *I militari e la politica nella Germania moderna*, vol. I, *Da Federico il Grande alla prima guerra mondiale*. Turim: Einaudi, 1967, livro I, cap. II.

51

A GUERRA

guerra, não mais improvisadamente geométrica e limitada, mas total e de extermínio. É fácil explicar o motivo: a política descobriu a "nação", e a partir desse momento a guerra não terá mais limites; não será mais o patrimônio do soberano que correrá perigo, agora estarão em jogo a identidade nacional, a sua afirmação ou a sua sobrevivência, que não permitem acordos nem concessões. As próprias dimensões materiais do sistema internacional (entendido como o conjunto de Estados representativos no cenário mundial) passam por grandes modificações: se em 1648 o número de Estados soberanos não era maior do que uma dúzia, em 1816 será de 23 e em 1867, de 40 (para totalizar 66 em 1945; 122 em 1964, quando se concluiu o processo de descolonização; e mais de 180, nos dias de hoje). Basta constatar que praticamente nenhum desses incrementos aconteceu de modo pacífico para se avaliar plenamente o papel da guerra na história contemporânea. Se as transformações ocorridas nos séculos anteriores ao XIX – na tática militar, no tamanho dos exércitos, na evolução estratégica e no impacto econômico e produtivo sobre as sociedades – acompanham a história moderna (a ponto de o cientista político estado-unidense C. Tilly proclamar – com uma máxima que se tornaria célebre, embora já tivesse sido formulada pelo ensaísta francês R. Caillois (1913-1978) mais de trinta anos antes[27] – que "a guerra inventou o Estado, e o Estado inventou a guerra"[28]), depois disso – graças também à revolução industrial – as guerras presenciam um crescimento contínuo de suas

---

27. Cf. R. Caillois, *La vertigine della guerra* (1950). Roma: Edizioni Lavoro, 1990, p. 106.

28. C. Tilly, "Sulla formazione dello Stato in Europa", in C. Tilly (Org.) *La formazione degli stati nazionali nell'Europa occidentale*. Bolonha: Il Mulino, 1984, p. 44.

O QUE É A GUERRA

dimensões quantitativas (desde a freqüência até a mortalidade), o que resulta na era das verdadeiras "guerras mundiais". E, por causa do envolvimento espacial e da absolutez de suas finalidades, não permitem mais as avaliações geográficas limitadas e circunscritas. Assim, ao processo de "nacionalização das massas"[29], soma-se o da "massificação das guerras", que chega a envolver, na Segunda Guerra Mundial, até cem milhões de pessoas.

O símbolo do novo salto para a frente da guerra é indubitavelmente representado pelas conseqüências das inovações científicas. No campo dos aparelhos de guerra, uma dessas inovações em particular concentra em si a esmagadora maioria das conseqüências: de fato, se em um primeiro momento a utilização do petróleo e suas aplicações revolucionam as técnicas de movimento das tropas, logo proporcionam a conquista de um novo campo de batalha, o espaço aéreo (inicialmente na forma de duelo e de reconhecimento, e depois do bombardeio estratégico). Essa conquista acarreta o aumento das taxas de mortalidade, não apenas entre as forças militares, mas também, e ainda mais, entre os civis (os bombardeios convencionais de Hamburgo, em julho de 1943, e de Dresden, em fevereiro de 1945; e, depois, os bombardeios atômicos de Hiroshima e Nagasaki, de 6 e 9 de agosto de 1945, respectivamente, constituem um marco indelével). O ingresso na era dos mísseis (demarcado pelo Sputnik, o primeiro satélite artificial enviado ao espaço pela União Soviética, em 1957) escreve a última página (pelo menos para nós) do desenvolvimento da guerra, à qual são dados os meios de realizar, pela primeira

---

29. Brilhantemente reconstruído por G. Mosse, em *La nazionalizazione delle masse, 1815-1933.* Bolonha: Il Mulino, 1975.

53

A GUERRA

vez na história, de maneira efetiva e real, a destruição de todas as formas de vida no planeta. E por fim, agora que depa-
ramos com um planeta "unificado", não apenas pelos meios
de comunicação e pela progressiva internacionalização do
comércio e da economia, mas também pela correspondência
(ou quase) entre Estados e nações, eis que a irrupção da ideologia no debate político mundial volta a perturbar as regras do
jogo determinando novas rupturas, conflitos e, em alguns casos,
secessões (como na Checoslováquia, desmembrada em 1993).

6. Lutas nacionais e combates ideológicos

Bastaria percorrer a história dos processos de unificação
alemã e italiana do século XIX para avaliar profundamente a
relação que se estava formando entre a guerra e a idéia de
nação. O primeiro foi um instrumento para arrebatar das grandes potências (como o império Habsburgo) o domínio de regiões ou territórios com longa tradição cultural ou que estavam
em um processo crescente de integração econômica, integração
esta que delineava os contornos de agrupamentos humanos
de tendência homogênea (no caso italiano, seria exagero referir-se a uma integração antes do início das guerras de independência). Mas, se na Europa os "ajustes", cuja intenção era
fazer com que cada um dos Estados autônomos correspondesse
a uma nação em particular, parecem, pelo menos quantitativa-
mente, marginais, eles assumem dimensões que seriam insus-
tentáveis se se pretendesse atribuir, verdadeira e completamente,
o estatuto de nação a cada um dos Estados do planeta. É prati-

54

O QUE É A GUERRA

camente impossível, de fato, determinar com precisão as especificidades nacionais, na medida em que a identidade nacional não é sempre homogênea: no caso do processo progressivo de "unificação nacional" dos Estados Unidos no século XIX, o sentido do progresso não é tanto a idéia de nação (a qual não pôde existir então, devido à natureza heterogênea e multirracial de sua população), mas o desenvolvimento de formas de integração social e industrial em uma região que – destruindo nações que ainda existem de fato (como a dos índios) – possui imensas margens de conquista e de desenvolvimento. O recurso à "guerra de libertação nacional" se mostra, de qualquer modo, uma das principais manifestações da transformação da guerra nos últimos dois séculos, em que exércitos regulares ou semi-regulares (como o mostram vários acontecimentos do 1848 italiano: por exemplo, o fenômeno Garibaldi) se transformam em formações totalmente irregulares como as que seriam colocadas em campo, um século depois, pelo Vietnã de Ho Chi Minh e do general Giap, o grande intérprete no campo da teoria maoísta da guerra de guerrilha ou popular, que se movimenta na fronteira (às vezes mais pretendida do que alcançada) da guerra revolucionária.

A comunhão de valores que dominou substancialmente o século XIX (no qual o choque entre Estados liberais e Estados conservadores incide sobre a forma de governo, e não sobre as condições de desenvolvimento socioeconômico), é violada em 1917 pela Revolução Russa, que introduz a primeira ruptura ideológica fundamental entre o modelo capitalista e o modelo socialista (durante os vinte anos do entre-guerras surge um modelo degenerado, o nazi-fascismo, que atrai contra si a aliança de guerra dos dois tipos principais), da qual resulta, depois do abalo da Segunda Guerra Mundial, a formação do

55

A GUERRA

mais amplo sistema bipolar jamais conhecido na história, que se deu em torno dos Estados que encabeçavam as duas concepções opostas da sociedade e da política: a democracia burguesa, encarnada pelos Estados Unidos, e o comunismo revolucionário, personificado pela União Soviética. Mais uma vez é o resultado da guerra que determina os papéis e as regras do jogo entre os Estados: tendo aquelas duas grandes nações mantido, de formas diferentes, o máximo esforço bélico na luta vitoriosa, cabe a elas orientar as respectivas coalizões e determinar o rumo de suas áreas de expansão; e, por outro lado, os aliados são obrigados a assumir uma postura de inferioridade e submissão, postura que eles mesmos haviam adotado e esperavam manter. Esse é o caso, sobretudo, de duas grandes potências do passado, a Grã Bretanha e a França; mas torna-se também, em seguida, a de dois grandes Estados emergentes: a Alemanha e o Japão. A maioria dos outros países deve se contentar com uma política interna ou externa elementar e esquemática: o perigo da bomba atômica ou, mais precisamente, de um conflito nuclear definitivo, que levaria à ruína não apenas os seus protagonistas, mas também os seus (eventualmente inocentes) aliados, serve para realizar um modelo de ordem internacional de dimensões jamais imaginadas. Poder-se-ia dizer que a história da guerra completou a sua parábola, terminando quase por negar a si mesma, depois de ter presenciado por milhares de anos o aumento incessante da sua centralidade. Mas, enfim, no colapso do bloco socialista soviético e na conseqüente desagregação do tecido sociopolítico da Europa oriental, que levou particularmente à deflagração da guerra na antiga Iugoslávia, um novo início trouxe a guerra de volta à ribalta, travada de formas que pouco têm a ver com as guerras tribais do alvorecer da história, por onde começamos.

56

O QUE É A GUERRA

7. Guerra e filosofia: o debate entre modelos

É possível devolver a unidade a esse evento complexo e plurissecular que presenciou o estreito entrelaçamento entre formas de guerra e formações político-sociais? É possível desde que façamos um pequeno experimento mental, colocando no centro do nosso modelo de análise não o dado cronológico das sucessivas manifestações da guerra, mas o dado teórico do sentido que pode haver entre guerra e sociedade, o qual pode ser caracterizado pelo pensamento filosófico de uma era que elaborou as principais justificativas da existência dos Estados, isto é, a era do contratualismo. De fato, é suficiente que retomemos o ponto de vista teórico, do qual o maior pensador da era do direito natural, Thomas Hobbes (1588-1679), tirou a sua concepção de contrato, a qual separa drástica e irrevogavelmente as imagens interna e externa do Estado, ou seja, o reino da paz e o reino da guerra. Esforçando-se para conceituar a necessidade do Estado, o filósofo de Malmesbury recorre a uma abstração, construída em torno da oposição entre um original (e hipotético) "estado natural" (no qual vigorariam exclusivamente as leis naturais) e uma artificial e efetiva "sociedade civil". No caso do estado natural, vir-se-ia determinar, em suma, uma condição existencial, de tal forma insustentável, que resultaria numa situação de *bellum omnium contra omnes*, a ponto de "convencer" os indivíduos a darem vida pela sociedade civil, abrindo mão de uma parte daquela espécie de soberania natural que todos teriam sobre todas as coisas (não existindo em tal situação nem propriedade nem direitos positivos). O destinatário seria o "Leviatã", ou seja, o soberano que, constituído, por assim dizer, pelo conjunto das vontades individuais, garantiria a cada um – em

57

troca da transmissão de sua *inútil* (ou indesejável) liberdade – a conservação da paz. É tanto mais sólida e segura a condição pacífica que se realiza assim no interior dos limites da soberania detida pelo soberano, quanto instável e insegura se revela, conseqüentemente, a condição de cada Estado e as suas relações com todos os outros, pelo simples fato de que no contrato que pode ser estipulado (mesmo que metaforicamente) entre os indivíduos (já cidadãos) não se pode pretender que os sujeitos sejam os Estados, e estes, se cedessem uma parte das suas soberanias, deixariam até mesmo de existir. Portanto,

entre homens sem senhores há uma guerra perpétua de cada homem contra o seu vizinho; nenhuma herança para transmitir ao filho nem para se esperar do pai; nem propriedade de bens ou terras; nem segurança; mas liberdade plena e absoluta para cada indivíduo; assim, nos Estados e nas comunidades independentes, cada comunidade, e não cada homem, tem liberdade absoluta de fazer o que julgar, ou melhor, o que aquele homem ou assembléia que representa a comunidade julgar melhor para o proveito dessa mesma comunidade. Mas, além disso, vivem numa condição de guerra perpétua e à beira do combate, com as fronteiras fortificadas e com os canhões apontados para todos os vizinhos[30].

A chave de todo esse argumento é naturalmente o conceito de soberania, que, não por acaso, será objeto de freqüentes reflexões na filosofia política da era seguinte; e que contém em si as pré-condições para o desenvolvimento de uma cate-

---

30. T. Hobbes, *Leviatano*, II, XXI. Florença: La Nuova Italia, 1976, p. 210. [Ed. brasileira: *Leviatã*. São Paulo: Ícone, 2000.]

goria fundamental da análise da guerra: o conceito de "política de potência", que encontrará na filosofia da história alemã do século XIX a sua formulação mais sistemática no princípio da "supremacia da política externa" sobre a interna[31]. A guerra está no centro de tudo, ou seja, em um mundo estruturalmente hostil, como aquele no qual segundo Hobbes estão relegadas as relações entre os Estados, o primeiro dever de cada estadista será a defesa dos seus cidadãos e, portanto, a segurança das fronteiras do Estado. Para essa finalidade, a exigência de consolidação da *potência* é fundamental; e, para garanti-la, revela-se necessária uma *política externa* de atenta e desconfiada vigilância sobre tudo o que se passa além das fronteiras. A própria política interna será condicionada a partir daí, não se podendo imaginar uma vida política que se desenvolva na ignorância das ameaças e dos perigos que os Estados vizinhos podem representar. Teremos então uma política externa agressiva e uma política militar expansionista e de fortalecimento; e, se todos os Estados seguem o mesmo raciocínio, o *bellum omnium contra omnes* internacional revela-se bem menos abstrato e hipotético do que Hobbes poderia imaginar.

Todavia, uma circunstância poderia se opor à proposição de Hobbes: ela se valeria de um sistema internacional arcaico e de dimensões muito reduzidas, e não mais de uma situação em que a natureza da vida internacional parece modificar-se progressivamente graças ao aumento do número dos Estados e à intensificação das suas relações. É essa mesma razão que levou o maior filósofo da liberdade, Immanuel Kant (1724-1804), a acreditar que o progresso (que o fazia supor que o gênero

---

31. Em L. Ranke, em particular, e depois, no início do século XX, em F. Meinecke.

A GUERRA

humano melhorava continuamente)[32] tiraria os Estados da condição belicosa devido à sua própria natureza:

a natureza valeu-se portanto da discórdia entre os homens, e até das grandes sociedades e daqueles organismos especiais que são os corpos políticos, como um meio para extrair dos seus inevitáveis antagonismos uma condição de paz e de segurança; isto é, mediante a guerra, mediante armamentos cada vez mais amplos e nunca interrompidos, pela miséria que causam a cada Estado, [...] depois de muitas devastações, abalos, e também pelo contínuo esgotamento das suas energias, incita a fazer aquilo que a razão, ela também uma triste experiência, teria podido sugerir: isto é, sair do estado de barbárie marginal e ingressar em uma federação de povos[33].

Surge assim a hipótese de que a evolução dos tempos – caracterizada, depois da tempestade napoleônica, pelo progresso extraordinário causado pela revolução industrial e pela reorganização das relações entre os Estados – possa conduzir a novos modelos de organização internacional. No momento mesmo em que os poderosos reis da Europa se reúnem em Viena, em 1814, o filósofo e sociólogo francês C.-H. de Saint-Simon (1760-1825) já prenuncia o parlamento europeu, que se concretizará, na verdade, quase dois séculos mais tarde:

e assim a Europa teria a melhor organização de todas se as nações que compreende, governadas cada uma por um par-

---

32. Cf. I. Kant, "Se il genere umano sia in costante progresso verso il meglio", in *Scritti politici e di filosofia della storia e del diritto*. Turim: Utet, 1956.

33. Id., "Idea di una storia universale dal punto di vista cosmopolitico", in ib., p. 131.

60

O QUE É A GUERRA

lamento, reconhecessem a supremacia de um parlamento geral, colocado acima de todos os governos nacionais[34].

A conseqüência de tais transformações seria, naturalmente, a paz, na qual se encerra uma extraordinária virtude: ela é de longe preferível à guerra, não somente porque evita os danos e os sofrimentos que a população costuma sofrer, mas também porque o comércio é de longe mais lucrativo do que a guerra, como afirmava o escritor político francês Benjamin Constant (1767-1830):

é a experiência que, provando-lhe que a guerra, isto é, o emprego da sua força contra a força alheia, o expõe a várias resistências e a vários insucessos, o induz a recorrer ao comércio, isto é, a um meio mais brando e mais seguro para comprometer o interesse do outro ao que convém aos seus próprios interesses[35].

Trata-se de uma afirmação que pertence ao espírito de seu tempo, e que já tinha sido apresentada por James Mill (1773-1836)[36], segundo o qual "nos países em que a atividade produtiva é livre e os homens podem colher os frutos de seu trabalho, o maior progresso possível de um governo está atrelado a uma sólida e clara aversão à guerra"[37], e por Saint-Simon, em termos ainda mais decisivos: "A indústria é inimiga

---

34. C.-H. de Saint-Simon e A. Thierry, "Della riorganizzazione della società europea", in C.-H. de Saint-Simon, *Opere*. Turim: Utet, 1975, p. 167.

35. B. Constant, *Della libertà degli antichi paragonata a quella dei moderni*. Roma: Samonà e Savelli, 1965, p. 248.

36. Trata-se do pai do famoso John Stuart (1806-1873).

37. J. Mill, *Commerce Defended*. Londres: Baldwin, 1808, p. 120.

A GUERRA

da guerra. Tudo o que se ganha em valor industrial, perde-se em valor militar"[38].

Mas estaremos nós seguros de que a condição de paz é, por si só, suficiente para suscitar um impulso em direção a novos progressos? Mesmo referindo-se ao projeto *Para a paz perpétua*, de Kant (de 1795), é Hegel (1770-1831) quem levantará essa dúvida, pois, se

na paz, a vida civil se expande continuamente [...], com o passar do tempo, os homens se estagnam. As suas idiossincrasias tornam-se cada vez mais fixas e se calcificam. Porém, para a saúde, é necessária a unidade do corpo, e se as suas partes se tornam rígidas, sobrevém a morte[39].

Assim, a própria certeza do progresso estaria colocada em questão, e a história se estagnaria. Hegel não está menos interessado no progresso, mas o relaciona todavia à "legitimidade *histórica universal* que um povo impõe a outro"[40], apresentando-nos, por usa vez, uma visão do futuro:

se, diante das epopéias do passado, quiséssemos ter uma idéia das epopéias que existirão no futuro, teríamos de pensar no predomínio do racionalismo americano, que está vivo e é universal, sobre os povos europeus, que levam até as últimas conseqüências o gosto pelo medir e pelo particularizar. De fato,

---

38. C.-H. de Saint-Simon. *L'industrie*, agora em *Œuvres*. Paris: Éditions Anthropos, 1966, p. 102.

39. G. W. F. Hegel, *Lineamenti di filosofia del diritto*. Roma-Bari: Laterza, 1974; acréscimo 188 ao parágrafo 324, p. 455. [Ed. brasileira: *Princípios da filosofia do direito*. São Paulo: Martins Fontes, 2000.]

40. Id., *Estetica*. Turim: Einaudi, 1976, p. 1187.

O QUE É A GUERRA

na Europa cada povo encontra-se agora subordinado a todos os demais e não pode empreender uma guerra por conta própria contra qualquer outra nação européia; se se quiser escapar da Europa, isso só será possível em direção à América.

É difícil esconder que o olhar de Hegel parece revelar-se mais penetrante do que o de outros; mas não nos cabe aqui dizer qual, entre as afirmações que apresentamos, é aceitável e qual é descabida, uma vez que elas, de qualquer forma, expõem a estrutura elementar da teoria da política internacional que predominou nos séculos seguintes, e que pode ser encerrada na fórmula da chamada "anarquia internacional", à inalterabilidade da qual toda forma de guerra, e quase todas as suas possíveis razões e conseqüências, já foram referidas no transcurso do pensamento moderno e contemporâneo. Mesmo se, ao concluir, descobrirmos que o problema é mais complexo do que nos deixa entrever aquela solução, ele terá representado, de qualquer maneira, a elaboração interpretativa que dominou séculos de debates sobre a guerra e a paz.

COMO SE FAZ A GUERRA

1. Guerra ideal/guerra real

Separando nitidamente política interna e política internacional, ou seja, o reino da ordem e da paz e o reino da guerra e da violência, a teoria política dos séculos XVIII e XIX parece sugerir-nos que somente a sociabilidade entre indivíduos pode suportar os impulsos agressivos, enquanto a ausência de uma característica análoga nas relações internacionais destina os Estados a uma condição natural (ou seja, belicosa); na dúvida, resta ainda saber se isso é um bem ou um mal, se o progresso da humanidade pode se realizar somente na paz ou se, pelo contrário, não cabe à guerra promovê-lo. Devemos então nos perguntar se efetivamente a complexidade da guerra pode ser remetida à dicotomia entre guerra real e ideal – ou melhor, entre guerra como natureza e guerra como cultura – para compreender, em outros termos, se o impulso bélico está relacionado a determinadas características genéticas ou se é o produto de uma elaboração social e coletiva; se se manifesta no campo da política (seja ela interna ou internacional) ou se é simplesmente uma das suas possíveis manifestações. Para entender

A GUERRA

bem esse ponto, basta imaginar com que intimidade a linguagem da guerra e seus derivados lingüísticos entraram para o léxico comum, como, por exemplo, quando falamos da guerra de preços, da guerra de gerações, do combate à pobreza e ao crime organizado, para não falar da "guerra fria"[1], que, por meio da metonímia que atribui à simples ameaça de violência concreta, definitivamente deu vida a um novo modelo de conflito internacional.

Quanto então da guerra é inerente à natureza humana? Para o grande historiador grego do século V a.c., Tucídides, o "amor à glória, o medo e a necessidade" são os "três instintos principais" (*A guerra do Peloponeso*, I, 76, 2) que tornam a guerra inevitável; mas, para a antropóloga Margaret Mead (1901-1979), a guerra revela-se, ao contrário, "apenas uma invenção, e não uma necessidade biológica"[2]. Não há quem não perceba a importância de se aceitar uma ou outra afirmação: no primeiro caso, para justificar o abandono de qualquer tipo de freio e a conseqüente desumanização do adversário; no segundo, para humanizar o conflito, atrelando o uso da violência ao direito ou à moral. Essa distinção está expressa pelo holandês J. Huizinga (1872-1945), em um trecho famoso do seu ensaio *Hommo ludens*:

A guerra só pode ser considerada como função cultural quando se desenvolve no âmbito de um grupo cujos membros se reconheçam semelhantes no valor ou, pelo menos, no direito.

---

1. Cunhada, provavelmente, no *New York Herald Tribune* pelo influente colunista norte-americano W. Lippmann, em 1947; cf. W. Lippmann, *The Cold War.* Nova Iorque: Harper and Row, 1947.

2. Cf. M. Mead, "Warfare Is Only an Invention – Not a Biological Necessity", *Asia*, XL, 1940.

COMO SE FAZ A GUERRA

[...] *Quando a guerra é travada contra grupos cujos antagonistas não se reconhecem como seres humanos, ou aos quais pelo menos não dão direitos humanos (bárbaros, diabos, pagãos ou hereges), ela só poderá permanecer dentro dos "limites" da civilização se os seus participantes, pelo bem de sua própria honra, aceitarem certas restrições. [...] Foi a teoria da "guerra total" que acabou com os últimos vestígios da função cultural da guerra e, portanto, da sua função lúdica*[3].

Na história das guerras, não podemos encontrar resposta a esse dilema: no decorrer dos séculos, elas foram se "civilizando" graças a uma série de intervenções destinadas à sua regulamentação (das "tréguas de Deus" até às convenções sobre o respeito aos civis e aos que não combatem), por um lado; mas, por outro, viram a escalada da violência aumentar constantemente até o limite do holocausto nuclear. Entretanto, entre as duas posições extremas, podemos encontrar uma outra, que não é intermediária, mas que talvez projete uma luz bem diferente sobre a matéria. De fato, para Jean-Jacques Rousseau (1712-1778),

é a relação entre as coisas, e não entre os homens, que constitui o estado de guerra; e, não podendo o estado de guerra surgir de simples relações pessoais, mas apenas de relações reais, a guerra privada ou entre homens não pode existir nem no estado natural, em que não existe propriedade definitiva, nem no estado social, em que tudo está sob a autoridade dos bens. [...] A guerra é, portanto, uma relação não de homem para homem, mas de Estado para Estado, na qual os indivíduos se

---

3. J. Huizinga, *Homo ludens*. Turim: Einaudi, 1949, p. 119.

A GUERRA

tornam inimigos só acidentalmente; não como homens, e tampouco como cidadãos, mas como soldados; não como membros da pátria, mas como seus defensores. Enfim, um Estado pode ter como inimigo apenas outros Estados, e não homens, já que entre objetos de natureza diferente não se pode estabelecer uma relação verdadeira[4].

Aonde poderia nos levar essa afirmação original, que "despersonaliza" a guerra, por assim dizer, depurando-a de seu aspecto humano e fazendo dela um simples fato de Estado? Ela objetiva a guerra, tornando-a, na verdade, um fenômeno observável em si, na sua lógica e na sua constituição intrínseca; e o faz devido ao claro envolvimento emotivo ou ético que poderia se dar, de forma que a guerra consiste no seu próprio "fazer-se". Podemos dizer então que *a guerra é a estratégia com a qual se combate*, ou seja, que somente observando experimentalmente as condições técnicas da sua realização poderemos depois nos voltar para uma reflexão (dedutiva) de caráter mais amplo sobre as suas origens, ou justificativas possíveis[5]. É evidente que essa afirmação nos leva a observar a guerra, em primeiro lugar, sob uma ótica cultural, considerando-a um produto da inteligência humana e dos seus progressos (administrativos, tecnológicos, e econômicos), isto é, uma aplicação dos princípios da racionalidade instrumental; e, em segundo lugar, essa afirmação nos leva a enxergá-la, por outro lado, em suas dimensões mais íntimas, como quando consideramos a agressividade, por exemplo, uma pulsão natural e

---

4. J. J. Rousseau, "Il contratto sociale", I, IV, in *Scritti politici*. Turim: Utet, 1970, p. 727-8. [Ed. brasileira: *O contrato social*. São Paulo: Martins Fontes, 1999.]
5. O que será objeto do próximo capítulo.

COMO SE FAZ A GUERRA

incoercível. Portanto, o terreno será, a partir de agora, essencialmente o da estratégia (palavra composta pelas palavras gregas *stratós*, "exército", e *ágein*, "conduzir"), ou seja, da técnica da condução da guerra em geral, referindo-se não tanto ao afrontamento direto com o inimigo, o que é estudado pela "tática" (*tássein*, "colocar ordem"), mas aos objetivos globais que o conflito pretende alcançar. Nos termos da mais utilizada das definições contemporâneas, a estratégia se torna "a arte da dialética das vontades que usam a força para resolver seus conflitos"[6], o que nos permite fazer dela o anel de noivado da política e da guerra, assim como o havia teorizado Clausewitz.

2. O discurso estratégico

Uma outra prova decisiva da objetividade e até mesmo da intertemporalidade da estratégia, compreendida como indicador das modalidades da guerra, pode ser encontrada na confrontação das duas obras mais clássicas e conhecidas dedicadas à "arte da guerra": a de Sun Tzu e a de Nicolau Maquiavel. A primeira foi escrita na China por volta do século V a.C.; a segunda, entre 1519 e 1520. Mas dois milênios de intervalo não impedem uma aproximação entre as duas, graças, sobretudo, a certa semelhança que se parece entrever, *mutatis mutandis*, entre os dois universos; basta considerarmos que, a partir do declínio da dinastia Chou no século VIII a.C., surge a chamada

---

6. A. Beaufre, *Introduzione alla strategia*. Bolonha: Il Mulino, 1966, p. 18.

69

A GUERRA

era dos "Estados guerreiros", que assume a forma de um sistema internacional (semelhante ao das cidades-estados gregas) abalado por conflitos contínuos, a qual chega a termo somente no final do século IV durante a dinastia Ch'in. A Europa do final do século XV não é muito diferente, de resto, e está prestes a entrar em uma fase de grande belicosidade: a *Arte da guerra*, de Maquiavel, é publicada no mesmo ano (1521) em que Carlos V lança o seu desafio mortal contra Francisco I da França. Assim, Sun Tzu e Maquiavel refletem sobre realidades, pelo menos em parte, análogas; mas o que parece mais significativo (mas também assombroso) é que entre os dois escritos é possível encontrar assonâncias e consistências extraordinárias, que usaremos como prova da objetividade das condições estratégicas dos conflitos.

A *Arte da guerra* do estadista florentino (1469-1527) é uma obra extensa, ao passo que a de Sun Tzu tem poucas páginas. Depois de haver caído no esquecimento, esta última foi retomada pela teoria estratégica estado-unidense no início da década de 1980 – na tentativa de proporcionar um novo alento a uma teoria estratégica, por demais repetitiva, das grandes inovações, a qual ela, por outro lado, havia conhecido nas décadas precedentes – a fim de "deixar em forma" a condição nuclear. Pois bem, mesmo na heterogeneidade das dimensões, dos estilos e das técnicas argumentativas, as duas obras impressionam pelos pontos em comum. Isso nos obriga a concluir que os elementos fundamentais da lógica estratégica não se modificam, nem com o passar dos anos nem com a mudança de lugar, sendo descabida a hipótese de que a segunda obra tenha sido escrita à luz da primeira (além de ser impossível de se demonstrar, é algo absolutamente inimaginável), o que pode ser provado por comparação. Já perto da conclusão da obra,

COMO SE FAZ A GUERRA

Maquiavel propõe "algumas regras gerais"[7], num total de 27. Nas primeiras (as mais importantes) é possível encontrar uma correspondência quase absoluta com outras passagens da obra de Sun Tzu. Veremos os exemplos mais significativos em seguida.

Se Maquiavel sustenta que não se pode "nunca levar os soldados à batalha sem que antes se tenha confirmado o seu moral, a sua coragem e a sua organização; nem jamais colocá-los à prova, a não ser quando estiverem preparados para vencer", Sun Tzu insiste: "na iminência de uma batalha, no que diz respeito a matar os inimigos, os nossos homens devem ser incitados ao ódio; devem acreditar que tirarão vantagem (direta e imediata) ao desafiar o inimigo e que serão recompensados por isso"[8].

Enquanto Maquiavel sentencia: "é melhor vencer o inimigo com a fome do que com o ferro, em cuja vitória pode muito mais a sorte que a virtude", Sun Tzu conclui: "por isso, combater e vencer cem batalhas não é prova de suprema excelência: a suprema habilidade consiste em dobrar a resistência (vontade) do inimigo sem o combater" (p. 81, nº 2).

Para Maquiavel, "nenhuma decisão é melhor do que aquela que escondemos do inimigo até o momento de a executar"; para Sun Tzu, "na guerra, a simulação é o caminho para o

---

7. Aqui utilizo a edição da *Arte della guerra* publicada em *Opere*, Milão: Ricciarfi, 1954; as passagens relevantes, às quais não se fará referência a cada vez, são as p. 523-25.

8. Sun Tzu, *L'arte della guerra*. Nápoles: Guida, 1988, p. 76, nº 16 [Ed. brasileira: *A arte da guerra*. São Paulo: Campus, 2001]; de agora em diante se referirá diretamente ao número de página, seguido da proposição. Tenha-se em mente que, embora a tradução fiel do título da obra seja *I principi della guerra del Maestro Sun* [Os princípios da guerra de Mestre Sun], ela é conhecida no Ocidente pelo título acima referido.

A GUERRA

sucesso. Além disso, deve-se agir somente quando houver uma vantagem real a ser alcançada" (p. 102, nº 15).

Maquiavel acredita que, "na guerra, saber reconhecer a ocasião e agarrá-la é mais útil do que qualquer outra coisa", o que confirma Sun Tzu: "vence quem sabe quando é o momento de não combater" (p. 82, nº 13, a).

Maquiavel lembra que a "natureza produz poucos homens impetuosos; a indústria e o exército produzem muitos" e que "na guerra a disciplina vence mais do que a impetuosidade"; de maneira mais prosaica, Sun Tzu precisa: "manobrar com um exército (bem treinado) é proveitoso; manobrar com uma multidão indisciplinada é muito prejudicial".

Maquiavel admite que "quando alguns inimigos desertarem para as tuas fileiras, enquanto forem fiéis, existirá sempre grandes aquisições"; e Sun Tzu rebate que "o soberano iluminado e o general astuto usarão os homens mais inteligentes do exército com o objetivo de espionagem e, por meio deles, alcançarão grandes resultados" (p. 137, nº 27)[9].

Maquiavel prevê que "dificilmente é derrotado aquele que sabe reconhecer as suas próprias forças e as do inimigo"; Sun Tzu acrescenta que "é preciso sempre comparar cuidadosamente o seu exército com aquele a ser enfrentado para determinar em que as forças são superiores e em que são inferiores" (p. 97, nº 2).

---

9. Vale a pena relembrar que estamos diante de uma passagem clássica da prudência estratégica. Eis como se exprime, por exemplo, em 1608, Carlos Manuel I da Savóia: "Se [o chefe do exército] não gastar muito em espécie, não formará jamais uma boa facção, nem poderá proteger-se das insídias dos inimigos"; "Aforismi della guerra", agora em G. Ruozzi (Org.), *Scrittori italiani di aforismi*. Milão: Mondadori, 1994, p. 555. Mais famosa e ainda mais sugestiva é a afirmação de Hobbes: "Os espiões estão para os soberanos como os raios de luz para a alma humana"; *De cive*, XIII, 7, in T. Hobbes, *Opere Politiche*. Turim: Utet, 1959, vol. I, p. 252.

COMO SE FAZ A GUERRA

Maquiavel observa que "fatos novos e repentinos desanimam os exércitos; fatos habituais e vagarosos são pouco apreciados por eles"; Sun Tzu insiste: "atacar o inimigo onde ele não está preparado; aparecer onde ele não espera" (p. 69, nº 21). Maquiavel censura: "aquele que não prepara as provisões necessárias para viver é vencido sem ferro"; e Sun Tzu confirma: "sem equipamento, sem provisões e sem bases de reabastecimento, um exército está perdido" (p. 102, nº 11).

O que falta nesses preceitos, já que encontramos neles tantas semelhanças e que também Raimondo Montecuccoli (1609-1680)[10], um famoso *condottiero* em sua época, escreveu por sua vez sobre a arte bélica nos seus *Aforismos*[11]? Para responder a isso, talvez bastasse olhar para os títulos semelhantes desses escritos, os quais certamente não explicam o oxímoro entre palavras tão heterogêneas como "arte" e "guerra". Não nos esqueçamos, porém, de que se trata de um uso moderno, já que a fórmula relativa a esse assunto estava estabelecida, como no caso do tratado anônimo do século IV d.C., *De rebus bellicis*[12]*, e no da obra mais conhecida, a de Vegécio (século V d.C.), *Epitoma institutorum rei militaris***, de cujos títulos deduzimos que na antigüidade da guerra falava-se dela como uma *coisa* que, a partir da época de Maquiavel,

---

10. O general de Módena a serviço dos Habsburgos na Guerra dos Trinta Anos e adversário dos turcos.

11. Cf. R. Montecuccoli, *Aforismi dell'arte bellica*. Milão: Fabbri, 1973. (Não existem edições críticas modernas da obra, cujo manuscrito remonta a 1665-1670.)

12. Há uma edição moderna, com o título *Le cose della guerra*. Milão: Mondadori, 1989.

* "Das *coisas* das guerras". (N.T.)

** "Compêndio das instituições das *coisas* militares". Na tradução de N. P. Milner o título ficou *Epitome of Military Science*. (N.T.)

73

A GUERRA

começaria a se tornar uma *arte* (quem sabe uma herança da sistematização tomista dos conhecimentos?). Tal deslize passaria despercebido se não fosse pelo próprio Clausewitz, que colocou como título de um capítulo, quase totalmente negligenciado, de *Da guerra* (mas oportunamente notado por R. Aron no seu já mencionado comentário àquela obra) a pergunta "Arte ou ciência da guerra?", para mostrar a distinção entre poder e saber; enquanto o poder está diretamente relacionado à arte, entendida como capacidade de *fazer verdadeiramente aquilo que se quer* (mesmo sem o saber), o saber é a razão de ser da ciência, da qual a guerra precisa para ser compreendida a fundo e examinada em todos os seus componentes, não os técnico-militares mas os político-sociais, sendo ela um "conflito de grandes interesses, resolvido com o derramamento de sangue, e apenas nisso diferente dos outros" (*Della guerra*, II, III, 3, p. 130). Mas a discussão seria estéril se Clausewitz não chegasse, logo em seguida e com grande lucidez, a conseqüências sistemáticas muito importantes. De fato, ele acrescenta que, em primeiro lugar, se examinarmos atentamente veremos que

a guerra não é nem uma arte nem uma ciência, na verdadeira acepção da palavra, e por causa dos critérios errôneos derivados dessas palavras, a guerra foi colocada ao par com outras artes e ciências, conceito que suscitou várias analogias erradas.
(*Della guerra*, II, III, 2, p. 129)

E, em segundo lugar, que a guerra não é uma atividade da vontade que se exerce sobre matéria inanimada ("como ocorre nas artes mecânicas") ou sobre um sujeito vivo, mas ainda passivo e acessível, ("como são o espírito e os sentimentos humanos nas artes imaginativas", p. 130), porque

74

COMO SE FAZ A GUERRA

a política é o ventre do qual a guerra se origina, em que os caracteres principais da guerra jazem em um estado rudimentar, como as qualidades dos seres vivos nos seus embriões.
(*Della guerra*, II, III, 3, p. 130)

Daí concluímos que a guerra é algo ainda mais complexo do que uma arte ou uma ciência, estando ela tão estreitamente ligada à política que, assim como nesta, o que seria importante revelar é a natureza, as regras verdadeiras, as leis ou as exceções, para compreender as causas e eventualmente agir sobre elas. A estratégia que se consubstancia exclusivamente em um objetivo de vitória, por mais irrepreensível que seja o seu método (como diria Clausewitz), falha em relação ao seu escopo fundamental, que é o de estabelecer que resultados a guerra determinará, resultados estes que, por definição, deverão ser *pacíficos*: "a arte da guerra, considerada do seu ponto de vista mais elevado, transforma-se em política" (*Della guerra*, VIII, VI, b, p. 815).

Se a estratégia é mais do que uma simples atividade militar, sem todavia coincidir com a política, isso significa, de qualquer forma, que ela representa, por assim dizer, o liame entre as duas. Por isso é necessário fixar o olhar nesse liame se quisermos apreender o sentido que une a guerra e a realidade política.

3. A "cadeia" estratégica

Mesmo não coincidindo com a análise das relações internacionais, o pensamento estratégico se parece muito com ela,

75

representando o universo ao qual o cálculo racional das perspectivas bélicas está entregue, primeiro, no que diz respeito ao abastecimento e depois, e cada vez mais, à maneira de conduzir as operações: deduz-se daí que a estratégia é uma atividade não apenas de guerra, mas também de paz, representando, por isso, a síntese mais adequada dos dois momentos. Em outros termos, a estratégia poderia ser concebida como a ciência das decisões – como demonstra o fato de que, em sentido metafórico, essa palavra foi adentrando, progressivamente, em diversos âmbitos lingüísticos, da "estratégia dos partidos políticos para vencer as eleições" à "estratégia de competição" de um atleta; da "estratégia da tensão" à "estratégia decisional" do dilema do prisioneiro da teoria dos jogos.

Enfim, a estratégia na verdade (quase que paradoxalmente) se transformou na principal técnica das grandes potências para evitar o confronto nuclear, graças à construção de um sofisticado "equilíbrio do terror" que, quanto mais precário era, mais parecia tranqüilizador; assim, a estratégia tornou-se o centro da reflexão contemporânea sobre o que as relações internacionais e a guerra teriam em comum, de modo que a sistematização que se pôde propor das suas duas dimensões fundamentais – estratégia *direta* e *indireta* – assumiu o papel principal no desenvolvimento de sua teoria. Não podemos afirmar que no passado não se soubesse disso: basta recorrer ao título atribuído por Maquiavel no capítulo XII do Livro II dos *Comentários sobre a primeira década de Tito Lívio*: "Quando se teme ser atacado, o que é melhor? Desferir o golpe ou esperar a guerra?". Para sermos ainda mais claros diremos que, enquanto a estratégia *direta* age anelando a vitória militar, a *indireta* aspira a "inverter a relação das forças contrárias antes de entrar em batalha, por meio de manobras e não de com-

COMO SE FAZ A GUERRA

bates"[13], já que representa a alternativa funcional à qual a política pode recorrer para alcançar, por outros meios, os mesmos resultados, que de outro modo somente seriam alcançados por meio da guerra, mas que teriam, obviamente, custos incomparavelmente maiores. Com esse objetivo – no qual nenhuma das duas dimensões pode ser negligenciada, porque uma é essencial à outra – forma-se, necessariamente, uma espécie de cadeia que une, nos seus diferentes graus de intensidade, as singulares decisões estratégicas que o político deve realizar: *dissuadir, ameaçar, atacar* e *defender-se*. Podemos agrupar essas quatro funções desta maneira: dissuasão e ameaça fazem parte da estratégia *indireta*; ataque e defesa, da *direta*; e, como se pode intuir, elas contêm em si todas as possíveis variações do agir estratégico racional, de modo que se dispõem conforme o aumento de suas intensidades, uma vez que a dissuasão é a ação mínima, enquanto a defesa, por motivos que veremos mais adiante, é a ação máxima; em outras palavras, se o inimigo não pode ser "convencido", deverá, então, ser "vencido".

a) *Estratégia indireta: dissuasão/ameaça*. Enquanto a dissuasão comporta uma disposição a "não fazer", a ameaça, ao contrário, propõe-se a "fazer"; a uma abstenção receosa contrapõe-se uma intenção agressiva. Essas duas modalidades são, naturalmente, tão antigas quanto a história humana e encontram ressonância não apenas na política internacional, mas em quase todo tipo de relacionamento: quem nunca procurou dissuadir um amigo de realizar determinada ação? Quem nunca ameaçou o filho com alguma espécie de castigo?

Encontramos uma explicação precoce, em Tucídides, da teoria da dissuasão:

---

13. Beaufre, *Introduzione alla strategia*, op. cit., p. 77.

77

A GUERRA

o equilíbrio determinado por um temor recíproco é a única garantia para uma aliança: aquele que a quisesse transgredir recuaria ao imaginar o resultado de ataques eventuais em que as relações de força não estejam a seu favor[14].

Além disso, ele nos revela a estrutura retórico-argumentativa do mecanismo, estrutura essa bastante forte por sinal: em primeiro lugar, porque é bem mais fácil impedir a ação de alguém do que desobrigá-lo dela; e, em segundo lugar, porque o temor causado pela represália pode ser percebido na ingenuidade, por assim dizer, do dissuadido, o qual tem sob os olhos todas as possíveis alternativas, entre elas a decisão de retirada, que é para a qual o dissuasor o impele.

Em torno dessa possibilidade (que certamente deve ainda considerar o caso em que a ameaça não pareça possível ou que seja inadequada às circunstâncias), a teoria estratégica contemporânea construiu um refinado aparato conceitual que – pelo menos segundo os seus defensores[15] – se constituiu na única possibilidade realmente almejável (e por sorte almejada) pelos Estados Unidos e pela União Soviética, empenhados em uma luta sem tréguas (depois da ruptura da aliança na qual colaboravam durante a Segunda Guerra Mundial) para imporem um ao outro o seu modelo de vida e de organização das relações político-sociais pretensamente superior. Para estabelecer a "paz do terror" que impuseram ao planeta, teriam também recorrido a algumas ameaças? Pelo fato de que apenas uma vez, durante toda a era bipolar, os Estados Unidos e a

---

14. Tucídides, *La guerra del Peloponeso*. Roma-Bari: Laterza, 1986, p. 191-2. [Ed. brasileira: *História da Guerra do Peloponeso*. Brasília: UnB, 1999.]

15. Aos quais os nomes de três personalidades, entre outras, estão ligados: H. Kahn, T. C. Schelling, H. A. Kissinger.

COMO SE FAZ A GUERRA

União Soviética trocaram uma ameaça, na verdadeira acepção da palavra (durante a crise dos mísseis em Cuba, em outubro de 1962), temos a prova de que a segunda modalidade se manifesta mais intensamente do que a primeira e que se aproxima mais da guerra quem a essa segunda modalidade recorre. Nunca antes, de fato, o mundo esteve tão próximo de um confronto direto entre as duas superpotências quanto na ocasião em que o então presidente Kennedy ameaçou a União Soviética com um ataque nuclear direto se um míssil qualquer, proveniente de onde quer que fosse, cortasse os céus do continente americano.

A ameaça nos aproxima da guerra, e amiúde assume a forma de um *ultimatum*, como o que foi dado pela Áustria à Sérvia na ocasião do assassinato do arquiduque Francisco Ferdinando em 1914 – semelhantemente ao que havia sido exposto pelos atenienses nos seus célebres diálogos com os habitantes de Melos[16]. Mas, ainda que as ameaças não conduzam necessariamente à guerra (não foi assim na crise dos mísseis, na qual a guerra retrocedeu por causa da dissuasão?), elas iluminam um aspecto também central da relação entre guerra, política e estratégia: o problema das chamadas "percepções" que os Estados (junto à opinião pública) têm uns dos outros – imagem agressiva ou pacífica – para ser entendida como a experiência vivida por um grupo dirigente na sua ação de controle e vigilância das ações, ou seja, das intenções dos inimigos, próximos ou distantes. Disso resulta o clássico "dilema da segurança", uma das maiores preocupações que perseguem o estadista, que vê um outro país empenhado, por exemplo, em um pesado programa de rearmamento – exata-

---

16. Cf. Tucídides, op. cit., v, 84-112, p. 365-71.

79

A GUERRA

mente o que experimentaram os governantes britânicos quando, no final do século XVIII, o almirante alemão Tirpitz determinou o plano de construção de uma potente frota militar, que não podia deixar de ser "percebida" como uma "ameaça" direta à hegemonia britânica dos mares.

E, portanto, já que a dissuasão tende a pôr a guerra de lado, ao passo que a ameaça a evoca preponderantemente, deve-se agora analisar a dimensão que entra em jogo quando o limiar precedente é ultrapassado sem possibilidade de se voltar atrás – o binômio ofensiva-defensiva.

b) *Estratégia direta: ofensiva/defensiva*. As condições da ofensiva e da defensiva não são simples circunstâncias objetivas nas quais – como poderia parecer à primeira vista – um ou outro adversário se encontra logo após o início do conflito, seja lá qual dos dois tenha sido o responsável por ele. Bastaria observar o quanto é complexo, se não impossível, estabelecer com precisão, em cada guerra, quem de fato a iniciou, ou seja, quem a desejou, planejou, levou-a à beira da eclosão (quem não se lembra da habilidade com que Bismarck "planejou" o estouro da guerra franco-prussiana de 1870?). E, de fato, a teoria estratégica sempre fez da alternativa ataque/defesa um de seus tópicos mais clássicos de debate, ciente de que se trata de duas posições que devem ser escolhidas, ainda mais quando não podem ser impostas. Conclui-se que deve ser possível avaliar, em termos estratégicos, a superioridade de uma ou de outra, para se traçar uma diretriz para o Estado em guerra. Maquiavel já se perguntava:

se de dois príncipes, de forças quase iguais, o que se passa por mais forte declara guerra contra o outro, o que será melhor para o agredido: esperar o inimigo dentro de suas fronteiras

80

COMO SE FAZ A GUERRA

ou atacá-lo nas dele? Sobre isso, já ouvi homens experientes apresentarem as mais diferentes opiniões[17],

e ficava em dúvida sobre qual das duas posições seria estrategicamente superior. Como observador dos fatos políticos – diríamos: quase um cientista político, ou um cultor de uma sociologia histórica –, e depois de discutir um grande número de casos, ele chega a uma conclusão apenas aproximada, e, como tal, não pode satisfazer aos teóricos puristas da estratégia (como logo veremos, Clausewitz inova também nessa questão). Mas vejamos a avaliação de Maquiavel:

> *Concluo portanto repetindo que o príncipe, cujos súditos estão sempre preparados para a guerra, deve aguardar no seu país a invasão de um inimigo poderoso; mas o príncipe, cujos súditos desarmados vivem num país não adaptado à guerra, deve afastar esse perigo do seu território o mais que puder.*
> (*Discorsi sopra la prima deca di Tito Livio*, II, XII, p. 251)

Embora se fundamente em alguns princípios sensatos, o esboço de Maquiavel nem sequer se aproxima daquilo que está destinado a se tornar o cerne de uma teoria estratégica mais complexa e variada, como a de Clausewitz, que coloca a distinção entre ataque e defesa no centro da verdadeira teoria estratégica, sendo que esta não consiste em uma simples contraposição de formas análogas, mas "de espécie essencialmente diferente" (*Della guerra*, I, I, 16, p. 32). Já que Clausewitz dedica um livro inteiro à *Defesa* (livro VI) e outro ao *Ataque*

---

17. N. Maquiavel, *Discorsi sopra la prima deca di Tito Livio*, II, III, in *Opere*, op. cit, p. 248. [Ed. brasileira: *Comentários sobre a primeira década de Tito Lívio*. Brasília: UnB, 1994.]

81

A GUERRA

(livro VII), fica evidente que essa distinção é um problema importante, que ele resolve a favor da defesa: "a forma defensiva da guerra é em si mais forte do que a ofensiva" (*Della guerra*, VI, I, 2, p. 444).

Por quê? Em primeiro lugar porque, na realidade, cada defesa contém em si, pelo menos de forma implícita, também uma resposta ao atacante e, portanto, uma contra-ofensiva quando possível; o exame empírico nos proporciona inúmeras provas da comprovada superioridade da primeira em relação à segunda; mas a maior de todas as provas é fornecida pela própria natureza da posição defensiva, que tem como escopo "defender", o que é certamente mais fácil do que conquistar, especialmente porque se pode valer de "três elementos [que] nos parecem decisivos: a *surpresa*; a *vantagem oferecida pelo terreno* e o *ataque por vários lados*" (*Della guerra*, VI, II, p. 448 [grifos de Clausewitz]).

Depois do fato consumado – sobretudo se olharmos para a Primeira e a Segunda Guerras Mundiais –, não nos seria difícil admitir a plausibilidade da posição de Clausewitz (ou simplesmente o bom senso dela). Mas isso ainda não nos permite reconhecer o fulcro dos objetivos de uma profunda compreensão da essência da guerra. De fato, no próprio livro VI, cap. VII, encontramos uma passagem muito significativa:

> *Se buscarmos filosoficamente a origem da guerra, não é no ataque que veremos desabrochar o conceito, uma vez que este não tem por objetivo absoluto a luta enquanto tomada de posse; mas, ao contrário, encontrá-la-emos na defesa, já que esta tem por objetivo direto o combate, visto que o repelir o ataque e o combater são a mesma coisa. A defesa não existe senão contra o ataque e pressupõe-no necessariamente; o ataque, ao contrá-*

82

rio, não existe em função da defesa, mas sim da tomada de
posse, e, portanto, não pressupõe necessariamente a defesa.

(*Della guerra*, VI, VII, p. 473)

Quantos exemplos poderíamos dar da eficácia dessa afirmação? Os romanos aprenderam bem a lição, pelo menos desde a invasão de Aníbal à Itália; da mesma forma, Napoleão teve de aprendê-la quando foi derrotado pelo "general inverno".

Se, portanto, a defensiva é a forma máxima, mais intensa e vantajosa que a guerra pode assumir, curiosamente parece que ela está relacionada com a dissuasão, a mais contrária das outras três formas analisadas, com a qual de fato compartilha a grande força que se esconde na "espera", que destaca a vontade de combater e, ao mesmo tempo, a consciência do quanto é nocivo fazê-lo realmente. Assim, que o adversário não se iluda: saiba ele que, uma vez no campo de batalha, o combate só terá fim no seu completo esmorecimento. Dessa forma, entram em jogo dois outros aspectos que compõem o quadro: fazer a guerra significa que a hostilidade entre as partes superou qualquer limite de prudência; mas significa também uma escolha muito variada, podendo ir de uma limitada escaramuça de fronteira até o lançamento de ogivas nucleares; que gradação lhe daremos então?

4. Modelos de guerra

O quase inesperado desprezo de Hegel pela diferença entre ofensiva e defensiva, quando afirma que *se o Estado se encontra em perigo, assim como a sua autonomia, todos os cidadãos empenham-se em sua defesa. Se, nessas circunstâncias, todo o Estado se ergue às armas e deixa a sua vida doméstica para lutar no estrangeiro, a guerra de defesa transforma-se em guerra de conquista* (*Lineamenti di filosofia del diritto,* parágrafo 326. p. 330),

faz-nos lembrar da caracterização de um outro anel da cadeia conceitual da guerra, especialmente em relação à forma como ela é feita: se a defesa é bem-sucedida, ela não nos impelirá ao ataque e à conquista, e, portanto, dentro de quais limites a guerra é refreada pelos seus combatentes? A guerra não é uma abstração, mas em sua realidade é combatida territorialmente, ou seja, sobre o solo de Estados, onde cada um deles

> *é o espírito na sua verdadeira racionalidade e na sua imediata realidade, e, portanto, é o poder absoluto sobre o* território. *Assim, um Estado é soberano e autônomo em relação a seus vizinhos. Existir enquanto tal para o* outro, *isto é, ser reconhecido por ele, é o seu direito primeiro e absoluto.*
> (parágrafo 331, p. 323 [grifos do próprio Hegel])

A partir daí, duas novas dimensões fundamentais entram em campo e alicerçam as preocupações do estrategista: o espaço e o número (dos combatentes). Trata-se de determinantes sociológicos que restringem, por assim dizer, as possibilidades teoricamente infinitas que se abrem para a capacidade de decisão. A natureza do espaço – de cujo significado Hegel nos lembra peremptoriamente, advertindo-nos para que não negligenciemos que a sua configuração acabou por dar vida (pelo menos desde a época da Revolução Fran-

COMO SE FAZ A GUERRA

cesa) também a algumas "nações", aumentando, portanto, de forma dramática a referência ao valor da defesa da identidade – sublinha não apenas os objetivos das decisões no campo de batalha, mas, em geral, os recursos naturais e ambientais que ele proporciona a quem o ocupa; como veremos adiante (e já podemos antecipar como é amplo o seu papel), a guerra partidária ou de guerrilha faz da natureza do espaço o elemento central de suas escolhas estratégicas. Essa forma de combate ajuda sempre a mostrar com clareza a complexidade relativa ao número; isso acontece justamente pelo fato de ela se especializar na fragmentação das forças armadas do adversário, e no ataque quando este mesmo adversário não se encontra coeso, mas desorganizado ou até mesmo despreparado. Ambas as dimensões provocaram uma reviravolta na reflexão de Clausewitz.

O terceiro livro de *Da guerra* é dedicado especialmente à estratégia e a seus elementos fundamentais, que vão da força moral à astúcia, passando pela concentração de forças e pela supremacia numérica. Esses dois últimos aspectos merecem particular atenção, mesmo porque se sucederam no centro de intensas polêmicas entre os estudiosos de estratégia, como a do famoso historiador militar B. Liddell Hart, que utilizou essa insistência no papel das massas para condenar em Clausewitz excessos militarescos destinados a tornar excessiva a violência bélica[18]. Juntos, esses dois aspectos traçam uma diretriz bastante óbvia: no momento do combate é necessário fazer com que as próprias forças, que devem ser superiores às do inimigo, convirjam unidas. Mas, na verdade, isso não está claro para todos:

---

18. Cf. B. Liddell Hart, *The Ghost of Napoleon*. New Haven: Yale Univ. Press, 1935.

*um fato que parece incrível, mas que, no entanto, se verificou
centenas de vezes, é que alguns generais dividiram e separaram
suas forças para seguir métodos habituais e tradicionais, sem
que soubessem exatamente o porquê.*

(*Della guerra*, III, XI, p. 216)

Se, por acaso, alguém se espantar com isso, será suficiente
lembrar-se de que justamente em torno da melhor orientação
do esforço conjunto se desenvolveu a principal controvérsia
entre as forças aliadas na Segunda Guerra Mundial: toda a
discussão sobre o lugar no qual deveria ser aberta a "segunda
frente" é uma prova disso. E o erro de Hitler de manter aber-
tas muitas frentes não poderia talvez se repetir? Eis então que
o sentido do raciocínio seguido por Clausewitz para demonstrar a centralidade da supremacia numérica torna-se evidente
(observa-se também a modernidade da argumentação: para se
chegar ao que se pretende demonstrar, eliminam-se do raciocínio todas as variáveis acessórias):

> *Assim, se despojarmos o combate de toda característica
> particular conferida pelo seu objetivo imediato e pelas circuns-
> tâncias das quais ele se origina, e se, por outro lado, abstrair-
> mos o valor das tropas, já que isso é um fator determinado,
> resta-nos apenas a idéia simples de um combate, isto é, de
> uma luta sem forma definida, na qual distinguimos unica-
> mente o número dos combatentes. É, pois, esse número que
> determina a vitória.*
>
> (*Della guerra*, III, VIII, p. 202).

Se todos os estrategistas (chamemo-nos assim, mesmo se,
na realidade, não existam em estado puro e sejam obviamente

"confundidos" com os políticos) conhecem igualmente as regras teóricas e abstratas, ainda assim a vitória não sorri sempre para todos eles; Clausewitz sabe muito bem disso, e lembra como, durante a Guerra dos Sete Anos, Frederico, o Grande, apesar de ter sido, no início, derrotado em Kollin (17 de junho de 1757) por poderosas tropas austríacas, seis meses depois – em condições análogas – foi vitorioso em Leuthen (em 6 de dezembro), onde ele tinha enfileirados trinta mil soldados contra oitenta mil austríacos. A lição é clara: devemos permitir, de vez em quando, que intervenham o alcance dos fins de guerra, o valor moral atribuído ao objetivo, o treinamento das tropas e o espírito, ou gênio, guerreiro (ao qual, por exemplo, Clausewitz dedicou todo o terceiro capítulo do primeiro livro de sua obra).

Nenhuma temática ilustra o paradoxo do número de combatentes melhor do que a guerra de guerrilha ou popular. Nessa modalidade, incluiremos: por um lado, a luta que levou os espanhóis a infligirem a primeira derrota de fato a Napoleão (1808-1813; nessa circunstância, as tropas francesas também sofreram, aliás, as conseqüências da dispersão de suas forças), seguida de sua derrota decisiva pelos russos antes que isso se repetisse definitivamente nas batalhas de Leipzig e, depois, em Waterloo; e, por outro, a guerra do Vietnã (para darmos apenas exemplos de extrema clareza e notoriedade, que, apesar das distâncias ideológicas, mostram a amplitude de suas possibilidades de aplicação). As características decisivas dessa "pequena guerra" (daí o diminutivo espanhol *guerrilla*) foram compiladas em um famoso pequeno tratado schmittiano: trata-se da irregularidade das tropas em combate, da sua singular mobilidade, da intensidade dos seus envolvimentos ideológicos, do caráter telúrico de suas

A GUERRA

ações[19]. Essas características remetem, de forma geral, à intensidade dos valores morais ou ideais que no combate se pretende defender ou perseguir, tanto é verdade que a guerra de guerrilha ou popular nada mais é, sobretudo no léxico marxista-leninista, mas não apenas nele, que um sinônimo de guerra de libertação. A primeira prova desse propósito encontra-se no *Manuale pratico del rivolucionario italiano*, escrito por Carlo Bianco di St. Jorioz (1795-1843), que na dedicatória ao leitor resume o seu trabalho, deixando claro que se trata "do Estado atual da Itália, da necessidade de acabar com a Tirania presente, de expulsar os Estrangeiros, de tornar a Itália Independente, Unida e Livre, do modo fácil e seguro de obter o nosso intento com a guerra de insurreição geral por grupos"[20] (p. 421).

O programa de ação é bem claro:

> *Todo o sistema geral dessa guerra se reduz finalmente a levar o inimigo a destruir-se por si próprio; por conseguinte, depois de lhe haver tirado todos os meios de subsistência que lhe poderiam ser fornecidos pelo país, convém surpreendê-lo, e perturbá-lo em suas marchas; tirar proveito de algumas posições e do terreno que nos é favorável, contra as tropas; atrair a guerra o máximo possível para as montanhas, as selvas e os pântanos, obrigando o inimigo a se afastar o máximo de sua base, apresentando-se a ele de frente; e, quando ele acreditar que veio o momento de uma ação, abandoná-lo para atacá-*

---

19. Cf. C. Schmitt, *Teoria del partigiano*. Milão: Il Saggiatore, 1981, p. 10-15.

20. Existe uma edição moderna, difícil de ser encontrada, desse *Manuale* (escrito em 1833), publicado em apêndice em E. Liberti (Org.), *Tecniche della guerra partigiana nel Risorgimento*. Florença: Giunti-Barbèra, 1972.

COMO SE FAZ A GUERRA

lo de lado e pelas costas; persegui-lo, confundi-lo, e, por fim, quando estiver para sucumbir, atacá-lo por todos os lados.
(*Manuale pratico del rivolucionario italiano*, p. 428)

Não é necessário sequer chamar a atenção para o fato de que todas as principais formas de ação do guerrilheiro foram aqui mencionadas; serão descritas em termos semelhantes, exatamente um século depois, por Mao Tsé-Tung, nos seus famosos *Problemas estratégicos da guerra revolucionária na China*, de 1936. Convém ainda chamar a atenção para um outro aspecto: o alcance da guerra aumenta continuamente, e a sua delimitação com a atividade política é cada vez menos perceptível, uma vez que a ideologia exige mais do estrategista. O limite será alcançado rapidamente, por um lado, quando a execução dos objetivos de guerra não conhecer mais freios – o que acontece quando o combate ideológico se torna irremediável – e, por outro, quando a condição de hostilidade atingir níveis tais que camuflem ou quebrem a regra tradicional de alternância entre guerra e paz: será a "guerra fria" a reunir em torno de si ambas as inovações, e a sua chave mestra será a arma nuclear.

5. A estratégia supera a si mesma

Certamente Clausewitz não podia imaginar o quanto o seu programa de pesquisa realizar-se-ia e, ao mesmo tempo, seria falsificado depois de pouco mais de um século. De fato, embora parecesse que os episódios da Segunda Guerra Mundial iriam dar-lhe plena razão, visto que a continuidade entre política e guerra (na forma de ameaça) era evidente para todos, ao mesmo tempo uma conjuntura paradoxal ia definindo-se: quanto mais ela era ameaçada, menos ela se tornava provável, de modo que, enquanto a política se transformava em guerra (virtual), esta última se transformava em política, a qual constituía, de maneira inesperada, a *negação* (ou, de qualquer modo, a alternativa) da guerra; assim, a política havia-se tornado a "continuação da guerra por outros meios"!

Se "como fazer a guerra" torna-se, na segunda metade do século XX, o projeto paroxístico de duas grandes potências que gastam para tal fim enormes fortunas a cada ano com o intuito de melhorar e inovar os seus arsenais nucleares (pouco antes da inversão de tendência, determinada pelo tratado de 8 de dezembro de 1987, que aboliu os chamados "euromísseis", gastava-se em armamentos no mundo, anualmente, quase um trilhão de dólares), "não fazê-la" é, ao contrário, o objetivo supremo dos estadistas que regem os destinos do mundo bipolarizado. A função do pensamento estratégico, por conseqüência, amplia-se até coincidir com a atividade política, ou melhor, juntas uma e outra dão vida a uma verdadeira e nova ciência social, a que se ocupa da paz na era nuclear: essa nova situação requer os atributos da ciência política e da economia, da matemática, das relações internacionais e da teoria estratégica. O problema que se delineia é muito complexo, não apenas no que diz respeito à relação direta entre as duas superpotências, as quais, no fundo – com o mecanismo da paralisia recíproca –, conseguem administrar de forma consideravelmente segura a hegemonia que exercem conjuntamente sobre o resto do mundo; relaciona-se, porém, muito mais com a consciência de que a ameaça do holocausto não pode ser

COMO SE FAZ A GUERRA

brandida em cada ocasião, em cada pequena crise local que possa estourar na periferia dos dois blocos. Assim, determina-se o que um estudioso definiu como o "delicado equilíbrio do terror"[21], que deveria ser capaz de reunir no interior de um único projeto estratégico os grandes e os pequenos conflitos. A chave para esse sistema encontra-se no conceito de *escalation*, o princípio de ligação entre todos os possíveis "degraus" da violência, destinado a demonstrar – apesar da existência de alguns "patamares" (ou seja, de degraus intermediários) – que há uma inviolável continuidade entre todas as possíveis situações: o grande véu da dissuasão recíproca deveria abarcar o conjunto da vida política internacional, esforçando-se para diminuir, nas suas enormes exigências, também os mais radicais desafios ideológicos. E foram estes, naqueles mesmos anos, os que, por muito tempo, experimentaram lançar movimentos revolucionários (Mao Tsé-Tung com a doutrina do "tigre de papel", os vietnamitas com a sua guerra de libertação, a central cubana que acendia "fogos" em diversas áreas do mundo latino-americano, etc.), aos quais opunha-se uma política de rígida e peremptória "conservação da ordem", na realidade almejada não somente pelos Estados Unidos, mas também compartilhada pela União Soviética, que, no congelamento da relação de forças, encontrava a garantia para a sua própria sobrevivência no vértice de um dos dois blocos.

Do ponto de vista estratégico, as formas possíveis de guerra então se multiplicaram. No entanto, a diferença básica passou a ser entre guerra local-tradicional e guerra nuclear. Em relação

---

21. Cf. A. Wohlstetter, "The Delicate Balance of Terror", *Foreign Affairs*, XXXVII, 2, 1959.

91

A GUERRA

a esta última forma, originaram-se diversas possibilidades, encerradas na escolha de armas nucleares táticas ou estratégicas; a lógica do combate em nível máximo era, por sua vez, submetida a diversas variações: a primeira dizendo respeito à natureza do alvo a ser escolhido. Atingir as cidades inimigas ou as suas bases de mísseis? Ameaçar um ataque contra a estrutura social adversária (mostrando-lhe, assim, a intenção de não querer impor limites às próprias intenções destrutivas, e atribuindo portanto a essa hipótese o máximo valor dissuasivo) ou assumir uma atitude "contra-forças", na qual o objetivo passa a ser "desarmar" o antagonista destruindo-lhe as armas (o que, obviamente, sugere uma forma de gradação no ataque, que o torna mais verossímil do que a alternativa "contra-cidades", mas menos dissuasivo)? Essa escolha implica outra: apostar tudo no "grandioso primeiro ataque"[22], um amplo ataque, de tal forma potente que poderia tornar inócua, por conseguinte, qualquer possibilidade futura "de um segundo ataque", ou entregar-se a uma série de ataques de intensidade crescente, com o objetivo principal de garantir a própria capacidade do "segundo ataque"? Duas imagens diametralmente opostas do combate se confrontam. Na primeira, apresenta-se uma guerra nuclear como algo "quase" instantâneo, em que a troca de mísseis nucleares não seria superior a dez minutos – depois disso, aquele que tivesse disparado primeiro, ou tivesse apontado com maior precisão seria, teoricamente, considerado vencedor[23]. Na segunda hipótese, o combate prolongar-se-ia –

---

22. Como era chamado por H. Kahn, *On Thermonuclear War*. Princeton: Princeton University Press, 1961, p. 36-7.
23. Mas, sempre nas palavras de H. Kahn (o maior defensor estado-unidense de uma estratégia nuclear agressiva), "os sobreviventes não teriam invejado os mortos?". Cf. op. cit., cap. II.

COMO SE FAZ A GUERRA

ou pelo menos ocorreriam alguns ataques de ambos os lados –, intensificando-se cada vez mais, e seriam então adotados como alvos os dois definidos anteriormente, alternando-lhes a ordem: inicialmente o ataque seria "contra-forças"; se isso não derrotasse o adversário, somente então os mísseis seriam apontados "contra-cidades" (nesse caso, o potencial de chantagem é obviamente altíssimo).

É fácil compreender o quanto é absurda essa estratégia, que se baseia em fundamentos totalmente inverossímeis, a ponto de grande parte de sua elaboração ser dedicada justamente ao problema da "credibilidade": é como se nem os maiores dirigentes das duas grandes potências nucleares contassem de fato com essa estratégia. O fato de que tudo isso não passava de um grande engano é demonstrado não apenas pelo enorme custo provocado pela corrida armamentista, mas também, ou sobretudo, pela acentuada mudança na idéia de guerra que daí se origina. De fato, se durante séculos a guerra (mesmo sendo indesejável) sempre foi considerada o último recurso, ainda que irrefreável em determinadas circunstâncias, na era nuclear a proximidade da guerra é considerada de outra forma; nela, a menor manifestação aparece como um possível degrau inicial de uma irresistível reação em cadeia. Poder-se-ia dizer, mesmo paradoxalmente, que a política internacional da última metade do século XX pacifica-se progressivamente – os números também o confirmam –, colocando, contudo, a guerra no centro da realidade dessa mesma política. E o fato de tratar-se também de uma condição totalmente anômala e sem precedentes na história pode ser demonstrado pela originalidade do debate moral que se desenvolve em torno da justificativa de uma linha política fundamentada na condição de um "perigo extremo" percebido por ambas as partes:

93

a "extremidade" do perigo pode absolver quem recorre à ameaça de destruir a humanidade para conservar o seu poder? Só há uma forma de se justificar: esforçar-se para demonstrar que o adversário, se não for mantido sob ameaça, recorrerá sem dúvida a um ataque nuclear – o que, entretanto, como é óbvio, não pode ser demonstrado e nem comprovado. E, assim, é mais uma vez constatado que o objetivo político é submeter às suas exigências também a criatividade estratégica. É a ideologia que dirige os Estados e, quando ela sente a possibilidade de reconduzir o combate a uma alternativa radical e esquemática no sentido "amigo-inimigo", o quadro se recompõe:

Nesse amplo fenômeno que é a "guerra" pode prevalecer um ou outro elemento: a guerra como ação ou a guerra como estado; todavia, nenhuma guerra pode esgotar-se na simples ação imediata, ou reduzir-se, de forma duradoura, a um mero "estado" sem ações. A chamada guerra total deve ser tanto ação como estado, se quiser ser realmente total. Ela encontra, por isso, o seu significado em uma hostilidade pressuposta, pré-existente do ponto de vista conceitual. Conseqüentemente, ela pode ser compreendida e definida somente a partir da hostilidade[24].

Nem todos concordariam com essa afirmação, que remete ao pensamento político de C. Schmitt (1888-1985), segundo o qual a contraposição "amigo-inimigo" proporcionaria a mais pura e essencial conceituação possível da política, a qual – fundamentada em uma equiparação absoluta entre política e

---

24. C. Schmitt, "Sulla relazione intercorrente fra i concetti di guerra e di nemico" in *Le categorie del 'político'.* Bolonha: Il Mulino, 1972, p. 193.

COMO SE FAZ A GUERRA

conflito – parece, contudo, tão pequena diante da complexidade dos fatos que não poderia fazer frente à modalidade com a qual a era de equilíbrio do terror se encerra em 1989; mas não há dúvida de que, de qualquer forma, ela é uma representação completa da tensão ao extremo que Clausewitz havia teorizado em sua época, da estratégia complexa – direta e também indireta – que os seus discípulos já haviam previsto em seus ensinamentos, do rompimento da fronteira entre a guerra e a paz que a lógica dissuasiva determina, da ligação existencial que temos com o fato da guerra, o que é, evidentemente, não apenas um dado político, mas também uma verdadeira dimensão do espírito. Portanto, tendo descoberto que um dos modos de se fazer a guerra é ameaçar o inimigo com ela para, dessa forma, evitá-la, devemos agora, para compreender que motivações alimentam essa concepção, perguntar-nos: "por que se faz a guerra?".

POR QUE SE FAZ A GUERRA

1. Descrever, explicar, justificar

Poder-se-ia pensar que cada guerra da história representa um fato único e singular que não se repete, e, portanto, concluir que uma descrição profunda e particular de cada uma delas esgotaria nosso desejo de conhecer tudo o que se quisesse saber; de outro modo, poderíamos nos satisfazer em inscrevê-la em uma daquelas esferas de atividade da nossa espécie que fogem a qualquer entendimento, e fazer a enésima demonstração da irracionalidade humana ou da sua insensatez. Mas basta abrir um manual de metodologia da pesquisa histórica, ou um tratado de teoria das relações internacionais, e mesmo qualquer obra de filosofia da história ou de epistemologia, para descobrir que, em todos esses estudos, encontrar-se-ão muitos trechos dedicados à discussão do princípio de "causa". E o que é mais significativo é que, em todos esses campos heterogêneos, o exemplo clássico ao qual sempre se recorre é o das *causas das guerras* – o que não pode deixar de nos convencer da presença, diante de tudo isso, de algum problema sério. Em outras palavras, nós todos gostaríamos de saber por que estouram as guerras, convencidos de que, ao

A GUERRA

sabê-lo, poderemos ou evitá-las ou, alternativamente, vencê-las ou ainda evitar os seus danos.

Radicalizando os termos do problema, poderíamos até estabelecer, de antemão, se essa tarefa seria possível ou se faria sentido; e não é por acaso que diante de tudo isso existem, pelo menos, três diferentes posturas para abordar o problema: há quem se satisfaça com a *narração*, convencido da inutilidade (ou da impossibilidade) de outra coisa; há quem se esforce para *explicar* uma guerra em particular, limitando-se a evidenciar as suas características específicas e as suas peculiaridades; há quem, enfim, com um esforço evidentemente maior (mas nem por isso epistemologicamente superior) pretenda *justificá-las*, distinguindo-as de coisas que são, ao contrário, *injustificáveis*. Por isso, as possíveis inspirações se refugiarão na incoercibilidade do caso ou na procura de causas, remotas e/ou próximas, singulares ou múltiplas, na descoberta de condições, necessárias e/ou suficientes, ou de circunstâncias determinantes ou acessórias, e assim por diante. Mas é suficiente acrescentar que tanta complexidade deve ser multiplicada realmente por três – em relação aos estudos que predominam sobre esse assunto, segundo os quais as diversas respostas podem ser encontradas tanto no nível individual, quanto no estatal ou ainda no internacional – para experimentarmos um verdadeiro sentimento de frustração. Na tentativa de escapar a esse fracasso, prosseguiremos por ora discutindo o aspecto da causalidade; depois, à luz desse aspecto, poderemos nos voltar para os três diferentes universos de problemas que foram apontados sobre as causas das guerras: o primeiro se propõe a encontrar a resposta no âmbito da *descrição* (por meio da caracterização de uma ou mais correlações entre diferentes

98

POR QUE SE FAZ A GUERRA

eventos); o segundo, no campo da *explicação* (que recorre predominantemente à classificação por níveis de análise); e, enfim, o terceiro, é a *justificação* (que possui um *status* lógico heterogêneo em relação aos outros dois, já que está mais interessado nas razões do desencadeamento das guerras, do que nas suas conseqüências e no impacto que as guerras provocam na nossa moralidade).

A questão relativa à causa é, de qualquer forma, preliminar às demais. Deixando de lado a riqueza histórica do problema, que pode remontar aos primórdios da história da filosofia, e que encontra na obra de Aristóteles a sua primeira sistematização[1] e, em Galileu, Hume, Kant, Hegel, Cattaneo, e assim por diante, até B. Russell e H. Reichenbach[2], os seus principais pensadores, poderemos distinguir inicialmente duas afirmações, uma que cuida da "causa" de um evento em particular, e outra que procura a causa em uma classe de fenômenos. Enquanto no primeiro caso uma eventual resposta não valeria senão para o evento específico (sujeitando-nos à repetição, caso por caso, do procedimento), no segundo, encontrar-nos-íamos defronte à formulação do conceito de "lei causal", em si reutilizável para cada evento da mesma classe; porém, o maior fascínio desse último caminho é contrastado pela exigência de que essa escolha implica referir-se a uma forma de "natureza" qualquer, como se isso obedecesse a uma "lei natural". A conseqüência disso é claríssima: adentra-se o mundo do determinismo, ou seja, do empirismo de determinada causa, que se une, irrevogavelmente, a uma mesma e sempre igual conseqüência. A essa afirma-

---

1. Cf. Aristóteles, *La metafísica*, I, III, 983 a, b.
2. Cf. M. Bunge, *La causalità*. Turim: Boringhieri, 1970.

A GUERRA

ção se poderia opor (e especialmente no caso das guerras isso foi feito várias vezes) que as circunstâncias históricas nunca se apresentam iguais no tempo, de forma que nenhuma causa pode ser constante. Na obra mais clássica sobre a teoria causal, do filósofo e físico argentino Mario Bunge, podemos ler:

> *Todas as guerras são formadas, por exemplo, de combates entre povos armados, que se deram por uma "razão" qualquer (geralmente por interesse material); por conseguinte, mesmo que não tenham ocorrido da mesma maneira, todas as guerras têm algumas características em comum, fazendo parte de alguns esquemas de classificação elementares.*
>
> (*La causalità*, p. 293)

Logo, poderíamos deduzir a partir daí que o programa de pesquisa causal é viável? Segundo o filósofo finlandês G. H. von Wright, que se pergunta se o atentado de Sarajevo foi a "causa" da eclosão da Primeira Grande Guerra, o problema pode ser remetido à diferenciação que devemos estabelecer entre causa (*explanans*) e efeito (*explanandum*), para procurar a cadeia de conexões que podem uni-los. E, por isso,

> *a explicação de um evento na história (por exemplo, a eclosão de uma guerra) consiste, muitas vezes, em indicar um ou mais eventos anteriores (por exemplo, um assassinato, a violação de um tratado, um incidente de fronteira), os quais consideramos "causas que contribuíram para determinar aquele efeito". [...] Todavia, o que os relaciona não é um conjunto de leis gerais, mas sim um conjunto de asserções*

POR QUE SE FAZ A GUERRA

singulares que constituem as premissas de inferências práticas[3].

Assim, o problema parece transferir-se para o momento da constatação dessas asserções singulares, exatamente do que Max Weber (1864-1920) trata em sua famosa polêmica com o historiador E. Meyer (1885-1930), que se centra na possibilidade do raciocínio causal em história. Também nesse debate os exemplos são relacionados às guerras, a Segunda Guerra Púnica ou a Guerra das Seis Semanas (1866). À peremptória afirmação de seu interlocutor de que a Segunda Guerra Púnica teria sido conseqüência de uma decisão voluntária de Aníbal, e que a guerra de 1866 teria sido conseqüência de uma análoga decisão de Bismarck, Weber contrapõe a superioridade do processo de *compreensão* em detrimento de se reconstruir a mera fatalidade, já que o historiador trabalha "mediante um processo de isolamento, de generalização e elaboração de juízos de possibilidades"[4], de modo que ele não pode senão isolar, entre as "condições" que permitiram a realização do evento, a que julgar "adequada", diferente das que serão, ao contrário, "acidentais" (p. 227-8).

Enfim, uma vez que está claro que as posições elucidadas até este ponto foram ordenadas em escala decrescente, de modo que a confiança na causalidade direta parece declinar progressivamente, uma última afirmação esclarecerá definiti-

---

3. G. von Wright, *Spiegazione e comprensione*. Bolonha: Il Mulino, 1988, p. 165. Vale a pena ressaltar que esse autor também utiliza, por questões acadêmicas, a eclosão da Primeira Guerra Mundial.

4. M. Weber, "Possibilità oggettiva e causazione adeguata nella considerazione causale della storia", in *Il metodo delle scienze storico-sociali*. Turim: Einaudi, 1958, p. 220. [Ed. brasileira: *Metodologia das ciências sociais*. São Paulo: Cortez, 1995, 2 vols.]

A GUERRA

vamente o quadro. Trata-se da afirmação de R. Aron (1905-1983), que, em uma antologia de suas aulas (publicada após a sua morte) sobre a metodologia da pesquisa histórica, dedica uma delas à análise causal; colocando também, no centro das suas exemplificações, a Primeira Guerra Mundial, introduz no debate um ulterior elemento de dúvida, caracterizado pela noção de probabilidade:

> *no que vai do* ultimatum *austríaco até a generalização da guerra, existem alguns instantes nos quais intervieram acontecimentos que representariam* inícios de probabilidade; *e, a propósito, é a partir disso que se tentou levantar questões de causalidade, procurando-se determinar se a situação na qual se encontrava o autor que ultrapassou esse patamar tornaria necessária a decisão ou o ato que ele cometeu*[5].

O conjunto das circunstâncias que levam a determinar um acontecimento são tantas, acrescenta Aron, que seriam aceitáveis tanto uma análise em escala pequena quanto em escala abrangente, visto que é precisamente de um caso particular que se podem originar aplicações do mais amplo alcance. Essa distinção ajuda a caracterizar uma segunda, que se encontra entre os dados de situações específicas e os aspectos mais profundos, de modo que,

> *ao investigarmos os episódios específicos que precederam a guerra de 1914, investigamos as causas desta última, cujo início se determinou ser o dia 4 de agosto de 1914; ao investigarmos as datas, investigamos o acontecimento denominado*

---

5. R. Aron, *Leçons sur l'histoire*. Paris: Éditions de Fallois, 1989, p. 179.

102

POR QUE SE FAZ A GUERRA

"guerra geral européia". Se, ao contrário, investigarmos as causas profundas da guerra de 1914, não estaremos procurando as causas da guerra que estourou no mês de agosto de 1914, mas sim descrevendo essa mesma guerra, deixando de lado a data precisa na qual ela estourou.

(*Leçons sur l'histoire*, p. 180)

Logo, as causas de um evento particular e as causas dos eventos de certo tipo se misturam, e, enquanto a pesquisa direta responderá pelas causas do primeiro, outra teoria encarregar-se-á das causas dos segundos. Apenas mais um passo, e eis que desaparece toda a certeza causal: a única verdadeira possibilidade que o historiador pode utilizar é a pesquisa dos "antecedentes"[6] dos acontecimentos que se quer explicar. A conseqüência disso é evidente: *o que aparece primeiro é a causa do que aparece em seguida*. Agora, munidos dessa (decepcionante) conclusão, enfrentamos o esforço de interpretação proposto pelo historiador inglês A. J. P. Taylor em um livro altamente controvertido na sua época, mas que obteve sucesso, precisamente em relação (ainda mais uma vez) às causas das guerras, desta vez da Segunda Guerra Mundial:

a Primeira Guerra Mundial explica a Segunda e, de fato, foi a sua causa, tendo em vista que um acontecimento é a causa de outro. Mesmo se o resultado da Primeira Guerra Mundial fosse a reconstrução da Europa, isso estaria bem distante de ser a causa originária ou ainda o objetivo consciente. [...] Atrás

---

6. Cf. D. H. Fischer, *Historians' Fallacies. Toward a Logic of Historical Thought.* Nova Iorque: Harper and Row, 1970.

103

A GUERRA

disso estão outras causas mais profundas, sobre as quais os historiadores ainda divergem[7].

Portanto, deveríamos dizer, uma vez que as causas da Segunda Guerra Mundial são procuradas na Primeira, que as causas desta última devem ser procuradas na precedente, isto é, na Guerra Franco-Prussiana, de 1870, e que, por sua vez, as causas desta dependem da Guerra das Seis Semanas, ocorrida quatro anos antes (e assim por diante)? A trama do desenho finalmente transparece: a lógica causal das guerras consiste em um passo atrás que remete cada conflito a outro anterior, unindo-os todos em uma cadeia perversa, visto que ininterrupta e incessante. F. Braudel (1902-1985) era bem consciente disso:

É importante todo acontecimento que está ligado a fatos antecedentes e que tem conseqüências, um acontecimento que faz parte de uma cadeia. Mas essa história "em série" é ela mesma fruto de uma escolha feita pelo historiador ou, em nome dele, das fontes documentais essenciais[8].

Desta revelação decorrerá um exame de alcance geral que não apenas nos introduzirá na análise específica dos diversos programas de pesquisa, que se esgotaram em relação às causas das guerras, mas também – o que é mais importante ainda – nos fornecerá a bagagem metodológica para reconstruí-la. É uma vã esperança, uma verdadeira falácia naturalista, esperar encontrar no encadeamento dos *fatos* a explicação de como acontecem; em outras palavras, se os fatos explicassem os

---

7. A. J. P. Taylor, *Le origini della seconda guerra mondiale.* Bari: Laterza, 1964, p. 43.
8. F. Braudel, *Civiltà e imperi del Mediterraneo nell'età di Filippo II.* Turim: Einaudi, 1976, p. 962.

POR QUE SE FAZ A GUERRA

fatos, poderíamos paradoxalmente concluir que os grandes problemas do conhecimento que a humanidade repetidamente enfrentou conteriam em si mesmos a sua explicação. Seria suficiente "olhar mais a fundo" (conhecer mais e melhor) para entender; mas as coisas não são assim: a história do conhecimento já teria sido detida pelo ingênuo cientificismo do qual também Balzac (1799-1850) era adepto:

> *Tudo no mundo real está concatenado. Cada movimento tem a sua causa, cada causa se une ao conjunto. E, por conseqüência, o conjunto está representado no menor movimento. [...] Tudo é fatal na vida humana, como na vida do nosso planeta. Os casos mais ínfimos, mais fúteis estão a ela subordinados*[9].

Na verdade, não são os fatos, mas as *teorias* (entendida essa palavra na origem do seu significado, ou seja, "ver para conhecer"), que explicam os fatos. E, realmente, há uma quantidade impressionante de teorias sobre os porquês de as guerras estourarem.

2. A lógica descritiva

Entre as muitas tentativas feitas pelos estudiosos das relações internacionais para acabar com as dúvidas sobre as causas

---

9. H. de Balzac, *Il cugino Pons*, in *I capolavori della "Commedia umana"*. Milão: Casini, 1987, p. 334. [Ed. brasileira: *O primo Pons*, in *A comédia humana*, vol. x. São Paulo: Globo, 1990.]

A GUERRA

das guerras, uma das mais recentes baseia-se na catalogação das diversas propostas elaboradas até o momento (dando a entender que uma alternativa não seria possível). Permanecendo no âmbito do que os cientistas políticos costumam chamar de "teoria empírica" – ou seja, a teoria causal, separada da teoria normativa; enquanto esta procura explicar como as coisas *deveriam* ser, àquela interessa entender por que as coisas são como são –, o cientista político norte-americano J. Levy[10] descreve as diversas possibilidades até agora experimentadas. A teoria "realista" é a mais clássica e tradicional, e insiste em que a distribuição de forças representa a principal causa de guerra em um ambiente fundamentalmente anárquico, como seria o do sistema internacional; sendo assim, os estadistas estariam obrigados, à luz do chamado "dilema de segurança", a iniciar a guerra toda vez que o arranjo das relações entre potências colocar em risco a vulnerabilidade do seu país. Estreitamente ligada a essa teoria realista (ou melhor, integrada a ela) está a lógica do equilíbrio de potências que, em inúmeras variantes, vê na confluência de situações de desequilíbrio maior perigo para um Estado sofrer uma agressão. Em outras palavras, poder-se-ia precisar (e essa é a terceira afirmação apresentada por Levy) que o problema está na lógica das "transições de poder", determinadas estas, como é natural acontecer, pelas modificações de potência relativa aos diferentes Estados (que aumenta e que declina); a esse problema, poderíamos acrescentar a lógica das alianças, as quais, modificando-se, podem perturbar o equilíbrio ou o arranjo estabelecido. Em seu conjunto, essas afirmações encontram uma representa-

---

10. Cf. J. Levy, "The Causes of War: a Review of Theories and Evidence", in P. E. Tetlock et al. (Orgs.), *Behavior, Society and Nuclear War*. Oxford: Oxford University Press, 1989, p. 209-333.

POR QUE SE FAZ A GUERRA

ção atualizada na mais famosa das últimas propostas, a de
B. Bueno de Mesquita, que apresenta uma teoria da utilidade
proporcionada pela guerra; segundo essa teoria, o cálculo de
guerra não seria outra coisa senão o mais racional e meditado
produto de uma análise "quase econômica" das vantagens que
se poderiam tirar de uma guerra[11]. Semelhantes a isso serão,
obviamente, todas as outras análises que remetem à "guerra
hegemônica"[12].

De caráter um pouco diferente é a teoria da chamada "pres-
são lateral", proposta pelos cientistas políticos norte-america-
nos N. Choucri e R. C. North[13]: o desenvolvimento da população
de um lado e o da tecnologia de outro geram um incremento
na busca de recursos no interior do Estado, sem que seja possível encontrar saídas a não ser que se imprima um estímulo
lateral aos países vizinhos ou fronteiriços, dos quais surgirão
inevitavelmente alguns conflitos – parece não ser nada mais
do que uma reedição atualizada das clássicas afirmações
demográficas, das quais G. Bouthoul é um dos maiores intérpretes contemporâneos[14]. Enquanto todas essas afirmações,
como se pode notar, dizem respeito ao Estado como sujeito
da ação, da racional e lúcida vontade de onde os conflitos
surgiriam, poder-se-ia no entanto forçar a transferência da análise para um nível mais objetivo, e nesse plano encontraríamos
então afirmações clássicas como a liberal ou a marxista (iguais

11. A apresentação mais atualizada dessa proposta é a de B. Bueno de Mesquita
e D. Lalman, *War and Reason. Domestic and International Imperatives.* New
Haven: Yale University Press, 1992.

12. Cf. R. Gilpin, *Guerra e mutamento nella politica internazionale.* Bolonha:
Il Mulino, 1989.

13. N. Choucri e R. C. North, *Nations in Conflict.* São Francisco: Freeman, 1975.

14. Cf. G. Bouthoul, *La sovrappopolazione.* Milão: Longanesi, 1967; e o clássico
Le guerre. Milão: Longanesi, 1982.

e contrárias, por assim dizer), ambas remetendo a causa das guerras específicas a um matiz de tipo econômico.

O argumento liberal é bastante complexo, dado que se, por um lado, remete a guerra à vontade espontânea de consolidação e de riqueza de determinadas forças político-sociais no interior dos Estados, por outro, freqüentemente (e periodicamente) coloca em dúvida se a guerra "rende mais do que custa". Montesquieu (1689-1755) já observara:

> *O efeito natural do comércio é promover a paz. Duas nações que negociam entre si tornam-se reciprocamente dependentes: se uma tem interesse em comprar, a outra tem interesse em vender; e todas as uniões se baseiam em necessidades recíprocas*[15].

Pouco mais de meio século depois, B. Constant parece precisar este pensamento:

> *Chegamos à época do comércio, época que deve necessariamente substituir a da guerra. A guerra e o comércio não são mais que dois meios diferentes para alcançar o mesmo resultado, ou seja, o de possuir aquilo que se deseja. O comércio não é senão a homenagem prestada à força do possuidor pelo aspirante à posse. É uma tentativa para se obter passo a passo o que não se espera mais conquistar pela violência. [...] É a experiência que – provando-lhe que a guerra, isto é, o emprego da sua força contra a força alheia, expõe-se a múltiplas resistências e a diferentes infortúnios – o leva a recorrer*

---

15. C. de Montesquieu, *Lo spirito delle leggi*, I, XX, 2. Turim: Utet, 1952, p. 528-9. [Ed. brasileira: *O espírito das leis*. São Paulo: Martins Fontes, 1996.]

POR QUE SE FAZ A GUERRA

ao comércio, isto é, a um meio mais suave e seguro de levar o interese alheio à aprovação daquilo que convém ao seu próprio interesse[16].

Porém, um pouco antes da Primeira Guerra Mundial, uma outra formulação do mesmo argumento[17], a do inglês N. Angell, autor de um livro de imenso sucesso, *The Great Illusion*, parecia, ao contrário, anunciar involuntariamente o declínio: a guerra não é rentável, custa mais do que produz, as conquistas são incertas e, de qualquer modo, nunca definitivas, as destruições e os danos superam as vantagens[18]. Poderíamos dizer que a época estaria mais propícia a uma teoria diametralmente oposta, a leninista do imperialismo.

Apresentada por Lenin em 1917 em *Imperialismo, fase superior do capitalismo*, essa teoria se baseia na precedente análise liberal do fenômeno, proposta pelo economista britânico J. Hobson (1858-1940) desde 1902 (em relação à qual Lenin se declara em débito), e adaptada ao quadro de referência constituído pelo materialismo histórico marxista. Atingida a sua fase mais madura, o capital financeiro, que rege tanto o destino industrial quanto o bancário, percebe o limite alcançado na exploração dos recursos internos do Estado e adverte, ao mesmo tempo, que somente a ampliação da escala das próprias atividades no plano global pode assegurar-lhes novos ou renovados proveitos. Essa é a condição necessária para a

---

16. B. Constant, *De l'esprit de conquête et de l'usurpation* (1813), in *Œuvres*. Paris: Gallimard, 1979, p. 959.

17. A análise mais clássica sobre essa temática é a de E. Silberner, *La guerre et la paix dans l'histoire des doctrines économiques*. Paris: Sirey, 1957.

18. Cf. N. Angell, *La grande illusione*. Roma: Voghera, 1913. Publicado pela primeira vez em 1911, esse livro foi traduzido para diversas línguas.

109

A GUERRA

inevitável formação de "contradições" internas no mundo capitalista (as análises de Lenin entram no mérito das condições específicas dos grandes países mais desenvolvidos) e portanto interimperialistas, que estão destinadas a desembocar (e Lenin tinha sob os olhos o exemplo da Primeira Guerra Mundial) no combate pelo domínio dos mercados. Todavia, trata-se de uma fase extrema, como define o título do ensaio de Lenin, pelo simples fato de a procura desenfreada pelo lucro provocar um combate entre os Estados imperialistas levando à destruição recíproca. Esta é a nova condição que Lenin imagina, inovando a tradição marxista, para a vitória definitiva do proletariado mundial, que se encontrará diante dessa situação, por assim dizer, devido ao comportamento autodestrutivo dos imperialistas[19]. A história não parece até agora ter corroborado essa afirmação economicista; afirmação, aliás, que não foi sequer acolhida no âmbito da teoria econômica, sempre bastante avessa a estabelecer uma relação direta entre guerra e imperativos econômicos, mesmo que prefira relacionar o aspecto econômico às circunstâncias ocasionais dos conflitos, confiando, por outro lado, a determinação da "causa radical dos conflitos internacionais" às avaliações de caráter político geral. Assim, o economista liberal L. Robbins afirma que

> *a condição última que dá origem a esses choques de interesses econômicos nacionais, os quais conduzem à guerra internacional, é a existência das soberanias nacionais independentes[20].*

---

19. Como é sabido, o "renegado" Kautsky divergirá de Lenin, considerando que as grandes potências imperialistas teriam conseguido consolidar a sua posição de predomínio, afirmando-se em uma situação de "ultra-imperialismo".

20. L. Robbins, *Le cause economiche della guerra*. Turim: Einaudi, 1944, p. 95.

POR QUE SE FAZ A GUERRA

Tanto essa afirmação como as primeiras recordadas poderiam ser reconduzidas a uma matriz unitária, isto é, à vontade de poder (ou de conquista, opressão, exploração, etc.) de um Estado em relação a outro, tornando o nível de análise estatal dominante no que diz respeito a caracterizar a "sede" das causas das guerras. Mas é satisfatório esse tipo de resposta? Na obra recente de um pesquisador canadense podemos encontrar, mesmo "involuntariamente" (do ponto de vista do autor), a prova da falta de lógica dessa linha de raciocínio. De fato, Holsti, ao final de uma minuciosa e aprofundada análise das 177 guerras (entre 1648 e 1989) que selecionou, reúne os dados sobre as causas de determinados conflitos, descobrindo que a classe de conflitos predominante era sempre ligada a questões territoriais, acompanhada de problemas estratégicos (relacionados com a territorialidade); a classe que aparece em seguida é a dos conflitos para a criação de Estados ou para o fim da opressão; depois disso, vêm as guerras comerciais (predominantemente navais), as guerras coloniais e, enfim, as destinadas à sobrevivência do Estado[21]. Como negar que essas informações só fazem comprovar os indícios que, mesmo de modo intuitivo, já conhecíamos, e que, enquanto tais, não nos pareciam suficientes para responder às nossas perguntas? Deveremos nos conformar com as ousadas, ainda que desastrosas, considerações dos autores da mais ampla pesquisa quantitativa já tentada na história sobre as guerras[22], os quais iniciam a sua obra assumindo que "até que a guerra não tenha sido *descrita* sistematicamente, não poderá ser *entendida* ade-

---

21. Cf. K. J. Holsti, *Peace and War. Armed Conflict and International Order, 1648-1989*. Cambridge: Cambridge University Press, 1991, cap. 12.

22. Cf. M. Small e J. D. Singer. *Resort to Arms: International and Civil Wars, 1816-1980*. Beverly Hills: Sage, 1982, p. 246.

A GUERRA

quadamente" (p. 14), e encerram-na constatando que "verificaram poucas hipóteses, sem ver comprovado nenhum modelo causal, nem realizado qualquer experimento significativo".

Tudo o que fizeram "foi gerar uma série específica de dados que foram depois refinados e sistematizados de maneira adequada para torná-los potencialmente utilizáveis" (p. 292). Mas quais foram os dados coletados? Entre 1816 e 1980, o sistema internacional conheceu 67 guerras internacionais; dos 165 anos em questão, apenas 20 transcorreram sem guerras; os dois anos mais belicosos foram 1917 e 1943; o ritmo médio de belicosidade teria sido de quase oito guerras para cada decênio; o único indicador de alguma periodicidade parece ser que os picos de freqüência mais elevados aparecem aproximadamente a cada 20 anos; os Estados mais belicosos foram a França (com 22 guerras), a Grã-Bretanha e a Rússia (com 19). Enfim, as guerras foram vencidas em setenta por cento dos casos por quem as tinha iniciado, e, em sessenta por cento dos casos, o vencedor sofreu menos perdas do que o derrotado[23].

Ninguém pode dizer que essas informações são irrelevantes ou inúteis. Mas como tirar uma conclusão de um evento que esteve no centro dos acontecimentos da humanidade por um enorme número de anos?

---

23. Ib., passim.

POR QUE SE FAZ A GUERRA

3. Programas de explicação

Se a natureza intrínseca da guerra foge ao que parecia ser o nível eletivo, isto é, o Estado (que é na verdade o real sujeito atuante na dinâmica bélica), não deveríamos então nos voltar diretamente para a unidade mínima, representada pela pessoa humana? Não é preciso advertir que tocamos assim a tecla mais delicada e sensível da problemática da guerra: é inata, está "dentro de nós", ou é uma forma histórico-social que pode, assim como se desenvolveu, enfraquecer-se e ser esquecida? A tais perguntas, de alcance tão amplo, procurou-se dar uma resposta seguindo duas diretrizes diferentes, uma que considera o aspecto antropológico e outra o espiritual; enquanto (como veremos no próximo item) esta segunda dimensão está ligada à temática da *justificativa* das guerras, a primeira (que confrontaremos agora) parte da análise dos comportamentos humanos para procurar uma explicação definitiva, a ser encontrada ou no âmbito da natureza ou no histórico: se a guerra fosse intrínseca à humanidade, não haveria mais nada a ser descoberto, a não ser, eventualmente, algum artifício sociopolítico para conter essa nociva manifestação da natureza humana.

A análise antropológica da guerra não pode deixar de começar pela revolucionária intuição do naturalista inglês C. Darwin (1809-1882) em relação à "luta pela vida", à qual ele dedicou o capítulo III da *Origem das espécies*. Qual foi a sua descoberta? Que no interior de cada ser vivo, inclusive as plantas, desenvolve-se *por natureza* uma incessante luta pela sobrevivência, devido sobretudo à existência de um número de indivíduos que supera a disponibilidade normal dos recursos teoricamente necessários para satisfazer a todos; daí provém a

113

A GUERRA

bem conhecida conseqüência, segundo a qual os que sobrevivem são "os mais bem adaptados". Essa conclusão, demonstrada por Darwin com uma quantidade impressionante de exemplos extraídos dos três reinos da natureza, merece particular atenção, não apenas por seu valor intrínseco, mas pelo alcance de suas conseqüências culturais. De fato, essa conclusão (e ela teria ainda um efeito limitado) pode ser explorada não apenas por aqueles que, para justificar a própria agressividade, reivindicam a superioridade de suas raças, como na época por Hitler e pelo diplomata francês Gobineau (1816-1882) e, ainda, durante a Primeira Guerra Mundial[24], mas também chamou a atenção, desinteressada e neutra, para uma nova perspectiva, ainda desconhecida nos tempos de Darwin, e que estaria destinada a exercer grande influência na cultura humana. Trata-se, em primeiro lugar, da psicanálise, e, depois, da etologia, cujos resultados cognitivos são muito mais divergentes do que sua matriz comum sugere e, às vezes, até mesmo inconciliáveis.

O aspecto mais perturbador ou intrigante da descoberta darwiniana não foi, de fato, a simples constatação do conflito e da agressividade, mas sim que esses ocorrem também entre seres da mesma espécie, e que, neste caso, tais comportamentos se revelam ainda mais violentos:

quase sempre a luta é mais acirrada entre os indivíduos da mesma espécie, devendo estes freqüentar as mesmas regiões, necessitar dos mesmos alimentos e estar expostos aos mesmos perigos. [...] Como as espécies do mesmo gênero têm habitualmente, mas não invariavelmente, algumas semelhanças nos

---

24. Esses temas foram brilhantemente expostos por D. Pick, *La guerra nella cultura contemporanea* (Roma-Bari: Laterza, 1994), especialmente nos caps. VIII e XI.

114

POR QUE SE FAZ A GUERRA

seus hábitos e nas suas constituições, e sempre na sua estrutura, a luta é, em geral, mais encarniçada entre espécies próximas, quando entram em concorrência entre si, do que entre espécies de gêneros diferentes[25].

Colocada dessa forma, a guerra torna-se então intrínseca à natureza humana; falta estabelecer em qual região de tal natureza essa circunstância está inscrita. Foi a primeira coisa que se perguntou o pai da psicanálise, S. Freud (1856-1939), quando se defrontou com a desordem produzida pelo turbilhão da Primeira Guerra Mundial. A sua resposta é bem conhecida: dois impulsos fundamentais coabitam a psique humana, o erótico e o mortal (Eros e Tanatos), e, conforme a circunstância, um prevalece sobre o outro; em particular, "o impulso mortal torna-se impulso destrutivo quando, com a ajuda de certos órgãos, volta-se para o exterior, em direção aos objetos. O ser vivo protege, por assim dizer, a própria vida destruindo uma vida estranha"[26].

A guerra, como qualquer outra ação do homem, é uma mistura desordenada desses dois impulsos: neste caso, Eros se manifesta no sacrifício da própria vida para defender os objetos do próprio amor (parentes, compatriotas) e Tanatos, em des-

---

25. C. Darwin. *L'origine delle specie*. Bolonha: Zanichelli, 1982 (reprodução anastática da trad. it. de 1864), p. 52-3. [Ed. brasileira: *Origem das espécies*. Belo Horizonte: Itatiaia, 1994.]

26. S. Freud, "Perché la guerra?", in *Il disagio della civiltà*. Turim: Boringhieri, 1971, p. 295. [Ed. brasileira: *O mal-estar na civilização*. São Paulo: Imago, 1997.] Trata-se da famosa resposta que dirigiu à carta na qual A. Einstein, em nome do Instituto Internacional de Cooperação Intelectual, sob convite da Sociedade das Nações, perguntou a Freud se existia "um modo para libertar os homens da fatalidade da guerra". Cf. p. 283 do volume citado, que contém também o texto da carta de Einstein.

A GUERRA

truir a quem for necessário destruir. As "causas constitucionais" da guerra serão, portanto, encontradas antes de mais nada na

existência de impulsos destrutivos inconscientes. Em segundo lugar, a tendência de projetar esses impulsos destrutivos [...] produz o que eu chamei de paranóia nacional. Essa paranóia causa delírios de perseguição dentro do próprio país e coloca as nações sob excessiva suspeita em relação a seus vizinhos. Em terceiro lugar, há o perigo de que essas suspeitas acabem produzindo uma justificativa para a explosão de impulsos destrutivos que teriam podido, de outra forma, permanecer reprimidos[27].

Se essa for a etiologia do "mal-guerra", e visto que a psicanálise tem uma função terapêutica específica, não podemos deixar de imaginar uma terapia para cada ação que possa favorecer a difusão de Eros em detrimento de Tanatos. Ao chegarmos a essa conclusão pelo método psicanalítico, é particularmente interessante considerar se a afirmação etológica (que analisa as bases biológicas do comportamento humano) teve acesso a informações análogas ou divergentes. Levando em conta as demonstrações de I. Eibl-Eibesfeldt, o aluno mais conhecido do fundador da etologia, K. Lorenz (1903-1989), constataremos de imediato a divergência, que toma impulso, todavia, na mesma matriz darwiniana antes lembrada:

É importante esclarecer que a guerra destrutiva é resultado da evolução cultural, e que não se trata de um fenômeno

---

27. R. Money-Kyrle, "Un'analisi psicologica delle cause della guerra", in *Scritti, 1927-1977*. Turim: Loescher, 1985, p. 224.

POR QUE SE FAZ A GUERRA

patológico, como foi observado muitas vezes, já que ela assume funções importantes [...]. *A guerra, ao* exacerbar as condições seletivas, *acelerou também a evolução biológica e cultural*[28].

A etologia foi muitas vezes acusada de sustentar a "naturalidade" da guerra, como se se tratasse de um hábito salutar e vital; mas, na verdade, ela se limita a relacionar a agressividade natural (de acordo também com a psicanálise) com a evolução histórico-cultural dos grupos humanos para os quais a guerra desenvolveu determinadas funções:

a guerra não provém nem de instintos animais degenerados ou desviados, nem da necrofilia ou de outras degenerações patológicas da vida que pulsa no homem. Não se trata de uma derivação já destituída de funções, mas sim de uma forma especificamente humana de agressividade entre grupos, que serve aos grupos de homens para disputar a terra e os recursos.
(*Etologia della guerra*, p. 191)

E de acordo com a mais recente obra desse estudioso: "a guerra desenvolve determinadas funções. Trata-se de uma invenção cultural que infelizmente se mantém por meio da seleção, proporcionando, nos conflitos entre grupos, claras vantagens para o vencedor"[29].

A divergência entre psicanálise e etologia não incide dessa maneira tanto sobre a análise do fenômeno da guerra ou sobre a individualização de suas causas; mas é em relação às

---

28. I. Eibl-Eibesfeldt, *Etologia della guerra.* Turim, Boringhieri, 1983, p. 129 [grifo nosso].

29. Id., *Etologia umana.* Turim: Bollati Boringhieri, 1993, p. 278.

117

A GUERRA

terapias que as duas escolas se diferenciam – para a primeira isso é teoricamente possível, para a segunda, extremamente improvável. Ambas partem do pressuposto de que a guerra, de fato, é um dado que, para o seu significado particular, merece uma explicação; não podem, justamente por esse motivo, perguntar se ela é uma "necessidade", porque isso a afastaria das suas possibilidades cognoscitivas. Mas, por conseguinte, o que nós sabemos, por meio da pesquisa psicanalítica e etológica, é que mecanismos interiores e individuais, ou sociais e coletivos, movimentam a guerra; contudo, mais uma vez, o porquê nos escapa. Se não encontramos luz suficiente na ação do Estado e nem sequer na análise das profundezas da alma humana, não será talvez porque elas não são nada mais que instrumentos involuntários de uma força mais profunda, como o destino humano, no interior do qual muitas vezes os filósofos foram buscar o "sentido" da história, ou seja, sua própria finalidade? Entretanto, quanto mais importante e útil para nós é obter uma resposta clara e prática, mais recebemos, em vez disso, opiniões genéricas que nos surpreendem pela erudição, mas que provocam mais dúvidas ainda. Muitos historiadores e filósofos da história "leram" nos acontecimentos humanos uma trajetória bem precisa; para o historiador grego Políbio (cerca de 202-120 a.C.), estaríamos realmente diante de um processo natural: "Assim se desenvolve a rotação das formas de governo, processo natural por meio do qual elas se transformam, entram em decadência e retornam ao tipo original" (*Storie*, VI, 9).

Maquiavel amplia ainda mais o traçado da parábola da história:

É comum, na maioria das vezes, as províncias, de acordo com as suas diferenças, passarem da ordem à desordem e,

118

POR QUE SE FAZ A GUERRA

depois, de novo da desordem à ordem: porque não é natural que as coisas terrenas permaneçam estáticas, quando chegam à sua perfeição última, não tendo mais para onde subir, é necessário que desçam; e da mesma forma, quando estão embaixo e por causa da desordem chegaram ao lugar mais baixo, não podendo descer ainda mais, é necessário que subam: assim, sempre do bem se desce para o mal; e do mal, sobe-se para o bem[30].

Parece mesmo que foi de uma "lei natural" que Vico extraiu a sua concepção da história, como uma renovação contínua de três ciclos históricos que funcionam como *corsi* e *ricorsi*. Dessa mesma doutrina, origina-se a aplicação que o filósofo positivista A. Comte (1798-1857) dá para as guerras; ele vê na sucessão de três fases diferentes (teológica, metafísica e positivista), determinadas pela sua "lei fundamental da evolução humana", uma perfeita correspondência com muitas outras formas de guerra: a ofensiva, típica da Antigüidade; a defensiva, da Idade Média; e a comercial, mais recente. Ao final dessa última, "os espíritos verdadeiramente filosóficos" deverão "reconhecer, com perfeita satisfação intelectual e moral, que chegou enfim a época em que a guerra efetiva e permanente deverá desaparecer por completo, restando a melhor parte da humanidade"[31].

Seria inútil nos atermos às filosofias da história[32], e à im-

---

30. N. Maquiavel, *Istorie fiorentine*, v, I, in *Opere*. Milão: Ricciardi, 1954, p. 773.

31. A. Comte, *Corso di filosofia positiva*. Turim: Utet, 1967, p. 427. [Ed. brasileira: *Discurso sobre o espírito positivo*. São Paulo: Martins Fontes, 1990.] A lição 57 é toda dedicada a esta temática.

32. Mas vale a pena observar que C. Cattaneo (1801-1869) parece criar uma ligação ideal entre as considerações desenvolvidas no primeiro parágrafo

A GUERRA

portância que elas destinaram às guerras, se não fosse pelo fato de que, também nos dias de hoje, esse "sonho" continua a ser perseguido incessantemente. A razão disso é muito simples: se, com a experiência que hoje temos, conseguíssemos "ler" o sentido da história, não poderíamos alimentar assim a esperança de "escrever" também o nosso futuro? O sentido das guerras já havia sido descrito na década de 1920 por um economista russo, N. Kondratiov. Com base nas séries históricas das estatísticas econômicas, ele conseguiu delimitar as condições em que ocorre a sucessão das verdadeiras fases históricas, marcadas – eis o ponto – pela guerra. Por sua vez, L. Dehio chegou até mesmo a imaginar o ritmo, marcado por um pêndulo, que, depois de ter regulado as fases hegemônicas das várias grandes potências durante os cinco séculos da história moderna, poderia enfim "pender para trás"[33]. E, assim, em uma recente e excepcionalmente bem informada obra de síntese sobre os ciclos históricos[34], lemos que, baseado em dados econômicos, é possível demonstrar empiricamente que, pelo menos a partir do século XV, verificaram-se alguns "longos períodos" no ritmo dos preços, e que o nível de gravidade e amplidão das guerras está intimamente relacionado com esse fato, uma vez que as guerras mais importantes se desenvolvem quando o ciclo está em sua fase de expansão. À luz de tudo isso, e graças ao recurso a outros dados empíricos e às mais sofisticadas séries estatísticas,

---

desse capítulo e as considerações em andamento, pois, no capítulo XV do seu curso de filosofia intitulado "Della causalità", remete o princípio de causa, aludido aos acontecimentos das nações, justamente à filosofia da história; cf. C. Cattaneo, *Scritti filosofici.* Florença: Le Monnifer, 1960, vol. II., p. 229.

33. Cf. L. Dehio, *Equilibrio e egemonia.* Bolonha: Il Mulino, 1988.

34. J. S. Goldstein, *Long Cycles. Prosperity and War in the Modern Age.* New Haven: Yale University Press, 1988.

POR QUE SE FAZ A GUERRA

J. S. Goldstein chega mesmo a nos propor uma previsão: a próxima grande guerra, projetando no futuro as tendências do passado, deveria eclodir por volta de 2030[35]!

Mais que à filosofia, será, portanto, à estatística que devemos recorrer para entender o sentido da história? Quem se lembrar de que problema trata esse capítulo, e quem tiver acompanhado o seu desenvolvimento – da pesquisa das causas históricas das guerras à tentativa de compreender essas mesmas causas por meio da descrição empírica; da análise do papel da guerra em relação à natureza do homem, desenvolvida de modo psicanalítico ou etológico, à filosofia da história e sua capacidade de nos indicar a natureza definitiva das guerras – não terá dificuldade em compreender que nenhum dos caminhos percorridos forneceu uma resposta definitiva e satisfatória. É provável que, precisamente para fugir a esse desconcerto, o irracionalismo se desenvolva com o fim de buscar no próprio ato da guerra a única justificativa possível. Mas, dessa forma, a guerra se torna objeto de exaltação vitalista e gratuita: no exagero futurista de Marinetti (1876-1944), ela aparece como a "única higiene do mundo"[36]; G. Papini (1881-1956), de forma mais macabra e mórbida, reivindica "cadáveres para forrar as estradas de todos os triunfos"[37]; e um conhecido filósofo italiano, justamente nos primeiros meses da Primeira Guerra Mundial, fornece a tudo isso uma legitimação cultural: "a guerra, que se

---

35 Cf. ib., p. 353.

36. Cf. F. T. Marinetti, *Guerra sola igiene del mondo* (1915), agora em *Teoria e invenzione futurista*. Milão: Mondadori, 1968. Mas a primeira apresentação desse *slogan* já se dera em 1911.

37. Cf. G. Papini, "La vita non è sacra", *Lacerba*, I, n. 20, 1913, agora em *La cultura italiana attraverso le riviste*. Turim: Einaudi, 1960, vol. V, p. 207.

A GUERRA

combate ou se resolve nos campos de batalha, é hoje o verdadeiro ato absoluto de cada um de nós: é a única coisa que se pode fazer, porque é a única que realmente se faz no mundo"[38].

Portanto, diante de tantos paroxismos, só nos resta um caminho a seguir: se as guerras não podem ser compreendidas quando abordamos a vertente de seus "inícios", como especificava Políbio em pormenores para distinguir esse aspecto da pesquisa das causas[39], será então a uma outra dimensão que deveremos nos voltar, isto é, à justificativa, entendida como uma racionalização do fenômeno da guerra, considerada como condição para explicar a sua ocorrência – a inevitabilidade, a necessidade, a justiça. Depois disso, poderemos finalmente confrontar o nexo positivo que existe entre a guerra como fato e o direito como obrigação.

4. As justificativas das guerras

Antes de começarmos, livremo-nos de uma possível confusão: a "guerra justa" e a "guerra santa" não são absolutamente expressões equivalentes, de modo que poderíamos ter guerras *justas* sem que fossem *santas*, assim como não se pode dizer que as guerras *santas* devam sempre ser consideradas *justas*. As guerras desejadas pelo Deus dos exércitos do Antigo Testamento encontram a sua justificativa no insondá-

---

38. G. Gentile, *La filosofia della guerra*. Palermo: Ergon, 1914, p. 19.

39. Cf. *Storie di Polibio*, III, 6.

122

POR QUE SE FAZ A GUERRA

vel desígnio divino[40], da mesma forma que a *jihad* ou, pelo menos em teoria, as Cruzadas – aquilo que Deus quer não necessita, obviamente, de um procedimento justificável. Ao mesmo tempo, é necessário reconhecer que a confusão poderia ser gerada pelo predomínio absoluto que o pensamento religioso teve na história do debate sobre a justificativa da guerra; e isso é fácil de se entender: apontar para uma divindade indiscutível resolve qualquer problema. A "guerra santa", na maior parte das vezes, é travada em defesa da religião, para afirmá-la ou para difundi-la, razão pela qual será certamente justificada. Mas "justa" poderia ser chamada também uma guerra que desenvolva uma função natural, como quando é considerada um "mal aparente" ou até mesmo "necessário", porquanto pudesse servir ao progresso da humanidade, tanto em termos morais como civis, ou em termos técnico-científicos[41], de modo que pudesse ser insensato argumentar que seria eventualmente "injusta" uma guerra prescrita pela natureza. Mas a prova de que a guerra em si nem sempre foi considerada "natural" é demonstrada pela intensidade do debate que, em torno das possíveis justificativas para ela, desenvolveu-se durante séculos. A argumentação mais antiga e clara do problema é a de Cícero e a mais recente – como veremos – vem de um livro de grande sucesso, do filósofo

---

40. De qualquer forma deve-se lembrar que, depois da descoberta dos chamados "Manuscritos do mar Morto", dispomos de um sistemático e meticuloso tratado de guerra em hebraico incluído nas "regras de guerra", Cf. L. Moraldi (Org.), *I manoscriti de Qumran*. Turim: Utet, 1986.

41. Exemplos de representantes da teoria da guerra como um mal aparente são J. de Maistre, de um lado, e I. Kant, de outro; da guerra como um mal necessário, são, entre outros, Humboldt e Hegel, Cattaneo e Spencer. Trata-se de uma temática que foi discutida exaustivamente por N. Bobbio, *Il problema della guerra e le vie della pace*. Bolonha: Il Mulino, 1979, cap. I.

A GUERRA

norte-americano M. Walzer; mas um apêndice de valor considerável pôde ser redigido a partir das tomadas de posição tiradas da análise da guerra do Golfo de janeiro de 1991.

Em *Dos deveres*, depois de ter enumerado as quatro virtudes fundamentais – sabedoria, justiça, coragem e temperança –, Cícero dedica um capítulo inteiro (o XI) do primeiro livro à "justiça, ainda que em relação aos inimigos", e explica:

> *sobretudo nas relações entre os Estados devem-se observar os direitos de guerra. Na verdade, existem duas maneiras de contestar: com a razão e com a força; e já que a razão é própria do homem e a força é própria dos animais, é necessário recorrer à segunda somente quando não se pode valer da primeira. Deve-se, por isso, entrar em guerra com o único objetivo de viver em segurança e tranqüilidade; mas, uma vez alcançada a vitória, deve-se poupar aqueles que, durante a guerra, não foram nem cruéis nem desumanos; [...] não é guerra justa senão aquela que se trava depois de ter pedido reparação da ofensa, ou depois de declarada com antecipação[42].*

Todos os elementos fundamentais do debate que se seguiu estão presentes: a necessidade de que a guerra seja uma *extrema ratio* e que dela não se deve abusar; que se recorra a ela somente em legítima defesa ou para opor-se a uma injustiça; que seja anunciada e, portanto, não consista de uma agressão de surpresa; que sejam evitadas crueldades ou atrocidades e, o que é mais importante, que seja solenemente declarada,

---

42. Cícero, *Dei doveri*, I, XI. Bolonha: Zanichelli, 1981, p. 49-51. [Ed. brasileira: *Dos deveres*. São Paulo: Martins Fontes, 1999.] É o caso de se acrescentar que o cap. XII trata das "regras para serem seguidas na guerra".

POR QUE SE FAZ A GUERRA

implicando assim a distinção entre o direito *à* guerra (*ius ad bellum*) e o direito *na* guerra (*ius in bello*). Seria difícil dizer se a reflexão decorrente fez o debate avançar muito; o próprio pensamento cristão, que mais do que todos e com maior freqüência se afirmou no decorrer dos séculos, não acrescentou muito à argumentação ciceroniana. Ao contrário, esse pensamento sempre se encontrou em dificuldades, devendo harmonizar com os tempos uma teologia que não pôde sempre ser traduzida em diretrizes políticas facilmente aplicáveis por um povo que era obrigado a viver em um contexto pagão. O caso de Agostinho de Hipona (354-430) é emblemático, espremido que esteve entre a necessidade de proteger o ensinamento dos Evangelhos e a de legitimar temporalmente sua religião, que de outra maneira seria considerada subversiva. A sua lealdade ao Império Romano não estava em discussão, embora não estivesse totalmente destituída de ambigüidade: as guerras romanas eram justas se travadas contra inimigos injustos (*Città di Dio*, IV, XV). Para impedir a acusação de que o cristianismo tivesse enfraquecido a força do Império Romano, Agostinho se transforma até mesmo em estatístico, apresentando uma relação abundante de guerras travadas pelos romanos em tempos e períodos diferentes, com durações extremamente variáveis, para concluir:

> *Recordo isso porque muitos, não conhecendo as coisas passadas, e outros, fazendo de conta não saber o que sabem, quando percebem que nos tempos cristãos alguma guerra se prolonga um pouco mais, logo se atiram contra a nossa religião exclamando que, se ela não existisse e se se adorassem os deuses segundo os ritos antigos, o famoso valor romano com o qual, graças à ajuda de Marte e de Belona, tantas guerras*

125

A GUERRA

foram vencidas rapidamente, levariam em pouco tempo ao fim essas também[43].

Ele evita, em seguida, cair na cilada da insubordinação à autoridade romana, tornando bem claro:

> *se um soldado, obedecendo à autoridade à que está submetido legitimamente, mata um homem, não é réu de homicídio para nenhuma lei da sua cidade; pelo contrário, seria réu de indisciplina e de rebelião se não o fizesse.*
>
> (*Città di Dio*, I, XXVI, p. 79)

Mas o problema é muito mais abrangente, sendo a guerra uma dimensão essencialmente inevitável da condição de "cidade terrena", enquanto a paz será gozada de fato somente na cidade de Deus. Depois de colocada a condição geral, segundo a qual sem justiça (justiça terrena, de qualquer modo) os Estados não são mais do que *magna latrocinia* (ibid., IV, V), e de ter admitido que a guerra pode ser justificada – "quando são vencedores aqueles que lutaram pela causa mais justa, quem duvida de que seja louvável uma tal vitória e desejável a paz que dela resulta?" (ibid., XV, IV, p. 817) –, eis que finalmente, mas de forma breve, ele apresenta a sua fórmula:

> *Costuma-se definir como justas as guerras que vingam as injustiças, quando o povo ou o Estado contra o qual se deve guerrear se descuidou de punir os erros dos seus cidadãos ou de restituir o que tenha sido roubado injustamente. Além do*

---

43. Agostinho de Hipona, *Città di Dio*, V, XXII. Alba: Edizioni Paoline. 1973, p. 317-8. [Ed. brasileira: *A cidade de Deus*. São Paulo: Vozes, 1989, 2 vols.]

POR QUE SE FAZ A GUERRA

mais, é certamente justa uma guerra que foi ordenada por Deus[44].

O dualismo descrito por Santo Agostinho, entre cidade dos homens e cidade de Deus, seria novamente proposto, pouco menos de três séculos depois, nos ensinamentos de Maomé, segundo os quais duas "casas" dividem o mundo, a do Islã (*Dar al-Islam*) e a da guerra (*Dar al-Harb*). A condição conflituosa que entre elas se dá não é tão real quanto ideal: até que o Islã não seja difundido em todo o mundo a paz não será alcançada – ao contrário do cristianismo, o Islã não tem o problema de afirmar-se em uma sociedade que não o reconhece, pois goza desde o início de uma consistência territorial. Assim, a condição de *jihad*, em síntese entendida como "guerra santa", refere-se, de maneira predominante, à "tentativa" ou à "luta" que o fiel deve travar para defender ou difundir a "fé verdadeira"[45], sem que isso implique necessariamente um espírito de conquista. A guerra contra os infiéis é perpétua e inevitável pelo fato de eles se recusarem a aceitar a revelação (é por essa razão que a guerra contra eles também é "justa"):

> *Dizei aos infiéis: caso se arrependam do seu passado serão perdoados. Mas, se persistirem, que tenham em mente a punição exemplar provada pelos antigos!*
> *Combatei-os até que não haja mais intriga e prevaleça*

---

44. Id., *Quaestiones in Heptateucum*, VI, X. Devemos lembrar que também em *Contra Fausto* estão presentes diversas afirmações sobre o mesmo argumento.

45. Pelo menos isso é o que foi proposto por B. Lewis, *Il linguaggio politico dell'Islam*. Roma-Bari: Laterza, 1991, p. 84.

A GUERRA

totalmente a religião de Deus. Se deixarem de combater, saibam que Deus bem vê o quanto fazem.

(*Alcorão*, VIII Surata, v. 38-39)

E eis portanto o grito de guerra:

Combatei aqueles que são infiéis [...]. Combatei, entre as gentes do Livro, os que não professam a verdadeira religião. Combatei-os até que, submissos, paguem o tributo [o Jizya]

(*Alcorão*, IX Surata, v. 29),

donde virá uma condição de "guerra fria" permanente – poderíamos dizer com palavras modernas, já que elas persistem ainda hoje – entre as duas "casas"; guerra destinada obviamente, de tempos em tempos, a tornar-se "quente", como a sucessiva expansão européia do Islã mostrou, em contraste com a "guerra santa" que foram as Cruzadas, que quase terminou em Lepanto, quando em 1571 o avanço turco foi detido no mar, antes mesmo de ser repelido – e definitivamente – às portas de Viena em 1683.

Mas, enfim, em relação a todas essas afirmações, está para surgir a que é na realidade a menos teocrática – por que escondê-lo? – das sistematizações do problema: a doutrina da "guerra justa" tomista apresenta de fato o esquema fundamental ao qual cada uma das interpretações seguintes (aqui compreendidas também as laicas) deve, de alguma forma, referir-se. Além do mais, é muito simples: divide-se a questão da guerra em quatro quesitos ("1. Se existe uma guerra justa; 2. se é lícito aos clérigos combater; 3. se é lícito aos guerreiros a utilização de emboscadas; 4. se é lícito combater nos dias santos" – mas apenas o primeiro quesito nos interessa aqui)[46], e à pergunta de se a

128

guerra seria sempre um pecado (pergunta muito relevante na polêmica cristã entre pacifistas absolutos e apenas relativos), Tomás de Aquino (1225-1274) responde a favor dos últimos, colocando três condições (em cada caso, recorre à autoridade de Santo Agostinho): 1. que a guerra seja proclamada pelo príncipe (ou pela autoridade legal); 2. que derive de uma causa justa, ou seja, de "uma culpa da parte daqueles contra os quais se faz a guerra"; 3. "que a intenção de quem combate seja justa: isto é, que se vise promover o bem e evitar o mal".

O mesmo modelo é retomado, precisamente em 19 de junho de 1539, pelo teólogo espanhol Francisco de Vitoria (1480-1546) nas *Lições sobre o direito de guerra*, que adota a divisão tomista em quatro partes; ele também procede por questões, e repete que as condições da guerra sejam: 1. que seja declarada por "autoridade legítima"; 2. que tenha uma "causa justa"; 3. que seja travada com uma "intenção justa". A partir daí, originam-se três regras operativas, por assim dizer: 1. que o soberano, mesmo legitimado pela guerra, não abuse dela; 2. que, por mais justa que seja a causa, ele não leve os objetivos de guerra além da restauração dos seus direitos; 3. que, uma vez vencida a guerra, não a torne "injusta" pelas suas conseqüências, reduzindo ao mínimo indispensável a punição infringida ao derrotado[47].

---

46. Essas e as sucessivas citações são tiradas de Tomás de Aquino, *La somma teololiga*. Florença: Salani, 1966, XVI; *Peccati contro la carità*, Questão 40 das *Secunda secundae* (na edição citada, cf. as p. 100 ss. do tomo 7). [Ed. brasileira: *Suma teológica*. São Paulo: Loyola, 2001.]

47. Enquanto as três condições da "guerra justa" estão reunidas nos pontos 2, 17; 10, 30; 15, 41, as três regras estão nos itens 60, 154-56. As citações são tiradas das traduções francesas, *Leçons sur les indiens et sur le droit de guerre*. Genebra: Droz, 1966.

A GUERRA

Apesar de se vislumbrar a hipótese da comparação da guerra com um processo judicial (que será depois desenvolvida por Grozio), no raciocínio de Vitoria aparece uma reflexão que mostra, ao mesmo tempo, tanto a recondução às extremas conseqüências de sua argumentação, como o primeiro sintoma da sua inevitável crise. Ele se pergunta de fato se não pode acontecer de uma guerra ser considerada "justa" por ambas as partes; enquanto Tomás de Aquino havia evitado o obstáculo distinguindo uma boa paz de outra má (*La somma teologica*, p. 104), Vitoria recorre à discriminação da ignorância, que é a única condição para que isso possa acontecer; de fato, "se o direito e a justiça são evidentes nas duas partes, não é permitido enfrentar o adversário nem para atacá-lo nem para se defender" (*Lezione sul diritto di guerra*, 32, 95). Até aqui o raciocínio é restrito, mas a conclusão à qual Vitoria chega é arrasadora, tanto em termos teóricos como se pensarmos no debate moderno sobre os limites da obediência ao chefe (podemos chamá-la de "síndrome de Eichmann"[48]), já que os súditos de um soberano que combate injustamente podem não ter consciência disso e "segui-lo de boa fé" (*Lezione sul diritto di guerra*, 32, 97).

Em termos gerais, o filósofo e jurista Ugo Grozio (1583-1645) pôde contornar a dificuldade referente a uma igual justificativa dos dois adversários em guerra, porque compara esta última a um processo; como nesse caso, a cada um cabe fazer valer as próprias razões, e da mesma forma é na guerra. Mas nesse ponto Grozio realiza uma operação destinada a conseqüências consideráveis; ele intervém de fato na noção de "justo", que, em vez de ser tal por natureza, ou por vontade

---

48. Segundo o comportamento do coronel alemão, que se defendeu das acusações de ter participado do genocídio contra o povo judeu com o argumento de que estava simplesmente obedecendo às ordens dos seus superiores hierárquicos.

divina (como até agora se tinha pensado), o é apenas enquanto "ritual" (processualmente correto, poderíamos dizer). Uma guerra é, portanto,

> *justa, no mesmo sentido em que se diz testamento justo, núpcias justas* [...]. *É importante fazer essa distinção porque muitos, interpretando mal o termo justo, julgam que todas as guerras que não tenham essa qualificação sejam condenadas como injustas ou ilícitas.*
>
> (*De iure belli ac pacis*, I, III, 4)

Assim transformada a noção de "justo", apenas mais um passo leva Grozio a apresentar a sua definição de "guerra justa", ou legítima, que ele chama de "solene":

> *Para que a guerra seja solene segundo o direito das pessoas, duas condições são necessárias: em primeiro lugar, que ambas as partes participantes sejam investidas em suas nações pelas autoridades soberanas; e, em segundo lugar, que se observem determinadas formalidades.*
>
> (ibid., I, III, 4)

Basicamente significa que a guerra seja "pública", decidida pela autoridade reconhecida e que seja precedida por uma declaração solene de guerra. Mas o que parece ser mais inovador (ou assustador?) é a justificativa com a qual Grozio conclui a sua argumentação:

> *A razão pela qual as nações aceitaram essa forma consiste no fato de que desejar se pronunciar sobre a justiça de uma guerra entre dois povos seria perigoso para os outros, que des-*

sa forma encontrar-se-iam envolvidos em uma guerra alheia. [...] Deve-se dizer também que, mesmo em uma guerra legítima, nunca se sabe, por meio de indicações externas, qual é o justo limite pactuado para se defender, para proteger os próprios bens ou para infringir uma punição; portanto, parece mais conveniente deixar essa avaliação para a consciência dos guerreiros, em vez de deixá-la aos arbítrios externos.

(ibid., III, IV, 3-4)

Como deixar de concluir que, com essa tortuosidade, Grozio esvazia de qualquer alcance moral (e obviamente também religioso) a justificativa da guerra? Se "justa" é a guerra que é travada segundo as regras do direito bélico (poderíamos repetir em termos modernos), não deveremos concluir então que todas as guerras (ou quase todas) são justas, ou seja, que nenhuma guerra pode sê-lo de verdade? A contradição é apenas aparente: qualquer princípio que encontramos na natureza necessita – se quisermos que adquira um valor "público" – de um reconhecimento formal, isto é, que de "natural" se torne "civil". Assim como a elaboração mais profunda da doutrina do direito natural destinou-se à sua própria superação, através da transformação desse direito em direito positivo (do naturalismo ao positivismo), analogamente a doutrina da "guerra justa" (e não por acaso isso acontece com Grozio, o último naturalista ou o primeiro positivista jurídico) indica o caminho, ao mesmo tempo, da superação da doutrina clássica e da elaboração de uma nova afirmação, a que remete à resolução de cada problema ao nascente direito internacional (ou ao que C. Schmitt define como "direito público europeu"[49]),

---

49. O cap. II da parte III de C. Schmitt, *Il nomos della terra* (Milão: Adelphi, 1991), foi dedicado especificamente à evolução das doutrinas da "guerra justa".

POR QUE SE FAZ A GUERRA

problema esse já não mais de caráter moral, mas exclusivamente técnico-formal.

5. O direito vai à guerra

Que esta conclusão não pareça enganadora: se a doutrina da "guerra justa" declina, é porque, pelo menos em teoria, o direito passou a ocupar o lugar da moral; a razão jurídica é, por definição, universal. E assim, se para Cícero "silent leges inter armas", ou seja, o direito se cala diante das armas (*Pro Milone*, IV, 10), e para Grozio "a guerra começa de fato onde os caminhos da justiça se interrompem" (*De iure belli ac pacis*, II, I, 2), eis que durante a Segunda Guerra Mundial um grande jurista como Kelsen afirma: "A eliminação da guerra é o nosso problema dominante. É um problema de política internacional, e o mais importante instrumento de política internacional é o direito internacional"[50], acrescentando depois que

é um princípio básico de direito internacional geral que a guerra seja permitida apenas como uma reação a uma injustiça sofrida – quer dizer, como uma sanção – e que cada guerra que não tenha esse caráter seja um crime, isto é, uma violação do direito internacional. Essa é a essência do princípio de bellum iustum.

(*La pace attraverso il diritto*, p. 103)

---

50. Cf. H. Kelsen, *La pace attraverso il diritto*. Turim: Giappichelli, 1990, p. 55.

A GUERRA

Aqui estamos diante da revisão contemporânea de um debate plurissecular; por um lado, só uma justificativa parece possível, a legítima defesa (mas Ulpiano já não havia se pronunciado sobre isso, cerca de mil e setecentos anos atrás, com a fórmula "é lícito repelir a força com a força"?), e, por outro, na era nuclear, na qual a mesma defesa não poderia senão consistir em uma ofensiva devastadora, qual guerra pode ser ainda justificável?

Depois de um longo declínio, a doutrina da "guerra justa" foi relançada em 1977 por M. Walzer, cujo esforço parece ser o de responder ao *impasse* que acaba de ser caracterizado. O ponto central de *Guerre giuste e ingiuste* é de fato representado pelo "paradigma jurídico"[51] que Walzer se esforça em elaborar: depois de confirmar a existência de uma sociedade internacional composta de Estados independentes, os quais têm direito à integridade territorial e à soberania, em que qualquer agressão é considerada um ato criminoso, ele expõe quais seriam as duas únicas justificativas possíveis a uma resposta violenta, isto é: "uma guerra de autodefesa por parte da vítima e uma guerra de reivindicação do direito violado por parte da vítima e por parte de cada um dos membros da sociedade internacional" (*Guerre giuste e ingiuste*, p. 91).

Se acrescentarmos que a partir dessas condições Walzer prossegue com o direito do agredido de punir o agressor militarmente rechaçado, eis que o círculo se fecha, reportando-nos, substancialmente, não apenas a Tomás de Aquino e a Vitoria, mas também (se considerarmos a última parte da última citação) desculpando a ação norte-americana (mesmo que com

---

51. Cf. M. Walzer, *Guerre giuste e ingiuste*. Nápoles: Liguori, 1990; o paradigma jurídico está contido nas p. 86-92.

POR QUE SE FAZ A GUERRA

outros aliados e sob a égide da ONU) contra o Iraque. Mas poderia existir uma "guerra justa" se, na verdade, cada guerra já se tornou – como proclamou o papa João Paulo II no discurso natalino de 1990 – "um caminho sem volta"? E como poderia, sobretudo, ser "justa" uma guerra nuclear, que não permite nem sequer que se distingam os vencedores dos vencidos?

Enfim, diremos que nenhuma guerra pode ser justificada e que, portanto, não existe nenhuma "causa" idônea admissível para responder à pergunta "por que se faz a guerra"? Em suma, deveremos nos resignar ao que afirma Aron: "Encontramo-nos diante de um assunto até certo ponto desanimador, no qual o fenômeno [da guerra] é endêmico e conserva, em última análise, algo de misterioso"[52]? Bastaria refletir sobre a imensidão dos esforços realizados no último século – isto é, aproximadamente desde que se consolidou a consciência de que toda a humanidade pertence a uma única e mesma "comunidade internacional", e que podia, portanto, realizar o sonho de submeter-se às normas jurídicas de alcance geral e universal (o que se tentou fazer inicialmente com as grandes conferências de Haia, de 1899 e de 1907, que codificaram os primeiros elementos do direito bélico e do direito humanitário, e, mais tarde, com a constituição da Sociedade das Nações em 1919 e da Organização das Nações Unidas em 1945) – para vermos como esses esforços são inúteis. Não existe campo da experiência humana – desde a política até as artes – que não tenha encontrado na guerra um objeto de elaboração de reflexões dos mais diversos tons; seria o mesmo se conhecêssemos uma humanidade que não

---

52. R. Aron, "Sconfiggere la guerra", in *Atti della settimana degli intellettuali cattolici francesi, La violenza*. Roma: Edizioni A.V.E., 1968, p. 170.

135

conhecesse a guerra? Aceitaremos a resposta do grande moralista francês Alain (1868-1951):

> *Repito mais uma vez que as causas profundas das guerras estão nas paixões, todas elas bastante nobres. A honra nacional é como um fuzil carregado. Os conflitos de interesses são a ocasião para as guerras; de forma alguma, a causa das mesmas. Portanto, retornai sempre aos costumes, aos juízos, aos vossos próprios juízos, dos quais deveis prestar contas tanto aos mortos quanto aos vivos?*[53]

---

53. Alain, "Mars, ou la guerre jugée", in *Les passions et la sagesse*. Paris: Gallimard, 1960, p. 571.

O QUE A GUERRA SIGNIFICA

1. Um resultado enganador?

Nos três capítulos precedentes, dedicamo-nos a compreender plenamente o sentido da guerra, utilizando, por assim dizer, uma técnica de rodeio: esperávamos que, descrevendo a história, a modalidade e o entrelaçamento com as outras dimensões da evolução das sociedades humanas, chegaríamos a algum esclarecimento; depois nos perguntamos se, ao observar as técnicas, ou as regras estratégicas que nos orientaram, teríamos conseguido entender um número maior de aspectos; mas, de qualquer forma, pensávamos que a reflexão sobre as causas nos teria enfim satisfeito: o "porquê" não é sempre o modo mais direto para enfrentar um problema? Mas nada de definitivo surgiu também dessa pesquisa. Podemos nos repetir que, apesar de tudo, alguma resposta deve haver, ou seremos induzidos a reconhecer que a página de *A república*, na qual Platão (427-347 a.C.) se faz as mesmas perguntas, tem ainda hoje o mesmo valor? Eis a opinião de Sócrates:

não queremos apenas saber como nasce uma cidade, mas uma cidade repleta de luxo. Talvez isso não seja mal, porque assim

A GUERRA

veremos provavelmente como nascem a justiça e a injustiça nas cidades. Creio que a cidade verdadeira seja aquela à qual nos referimos, uma cidade sã. Mas, se quiserdes que consideremos também uma cidade tomada pela excitação, façamo-lo. A alguns parece que esse estado de coisas não será satisfatório; nem bastará esse gênero de vida, mas ser-lhes-ão necessários, além disso, camas, mesas, pratos, incensos, perfumes, éter e outros objetos, cada um desses em grande quantidade. [...] Assim, é necessário aumentar ainda mais a cidade, porque a cidade sadia não basta: deve-se aumentar as suas dimensões e enchê-la de uma massa de gente cuja presença nelas não é imposta pela necessidade [...]. Depois teremos necessidade de um maior número de servos [...]. Tudo isso não existia na nossa primeira cidade, porque não havia necessidade, mas nesta será indispensável. [...] E aquele território que antes era suficiente para nutrir os seus habitantes, tornar-se-á pequeno [...]. E não deveremos tomar uma porção do território dos vizinhos se quisermos adquirir terra suficiente para pastar e arar? E não terão essas terras também que tomar as nossas, já que escondem também uma avidez pela riqueza, além do limite necessário? [...] E então, Glauco, vamos fazer a guerra? [...] Não chegou a hora de estabelecer se a guerra é fonte do mal ou do bem. Contentemo-nos em dizer que a partir daí descobrimos a gênese daquela que para os Estados é a maior fonte de danos privados e públicos.

(*La repubblica*, II, p. 372-3)

É fácil intuir o quanto a ironia platônica poderia ainda hoje ser exercitada para descrever a utilidade e a inutilidade daqueles nossos desejos que terminam quase sempre por superar "o limite do necessário". Nessa simples argumentação,

O QUE A GUERRA SIGNIFICA

não parece que encontramos uma peremptoriedade que nos deixa sem palavras, devido ao seu caráter incontestável? Ou deveremos reconhecer que somos bem mais soberbos do que de Maistre, que se refugiava no desconhecido e no imperscrutável? Vejamos a sua retórica enfática:

a guerra é, portanto, divina em si mesma, uma vez que é uma lei do mundo. A guerra é divina, além disso, por causa das suas conseqüências de ordem sobrenatural, tanto gerais quanto particulares; conseqüências pouco conhecidas porque pouco estudadas, mas nem por isso menos incontestáveis. [...] A guerra é divina na proteção que concede aos grandes generais [...]. A guerra é divina pelo modo que é declarada. [...] A guerra é divina nos seus resultados, que fogem totalmente às especulações da razão humana, para que possam ser completamente diferentes também para duas nações para as quais a ação da guerra tenha se mostrado igual. [...] A guerra é divina pela indefinível força que determina os seus sucessos[1].

Ou ainda, por que não nos curvarmos diante da óbvia premonição de Hegel?

Das guerras não somente os povos saem fortalecidos, mas as nações que estão em discórdia entre si obtêm, mediante guerras externas, a paz interna. Certamente, das guerras provém a insegurança na propriedade, mas essa insegurança nada mais é que o movimento, que é necessário. [...] Mas, se essa insegurança aparece de fato na forma de hussardos com sabres brilhantes, e é portanto coisa séria, então aquela como-

---

1. J. de Maistre, *Le serate di Pietroburgo*. Milão: Rusconi, 1971, p. 399-401.

vente edificação que tudo profetizava passa a amaldiçoar os conquistadores. Entretanto, apesar disso, as guerras ocorrem quando estão na natureza da coisa; os Estados tornam a florescer, e as conversas emudecem, diante das sérias réplicas da história.

(*Lineamenti di filosofia del diritto*, acréscimo 188 ao parágrafo 324, p. 456)

Vamos nos refugiar rapidamente na sarcástica resposta de Nietzsche, "vós dizeis que é a boa causa que torna santa até mesmo a guerra. Eu vos digo: é a boa guerra que torna santa qualquer causa"[2]?

No entanto, nem todos aceitariam essa resposta, e de fato, com uma ironia no fundo semelhante à de Platão, porém ainda mais mordaz, Voltaire (1694-1778) se revolta:

povos distantes, ouvindo dizer que se está a ponto de lutar, que se ganha algum dinheiro por dia para quem quiser participar da festa, dividem-se rapidamente em grupos, como ceifeiros, e vão oferecer seus serviços a quem quiser pagar. [...] Às vezes, existem cinco ou seis potências em guerra, todas juntas, três contra três, ou duas contra quatro, ou uma contra cinco, que se detestam igualmente, se unem e se atacam uma de cada vez; e só em uma coisa estão todas de acordo: causar o maior mal possível[3].

Mas, quase um século antes, o moralista francês La Bruyère (1645-1696) se mostrava já conformado:

---

2. F. Nietzsche, *Così parlò Zarathustra*. Milão: Adelphi, 1968, p. 52. [Ed. brasileira: *Assim falou Zaratustra*. São Paulo: Civilização Brasileira, 1998.]

3. Voltaire, *Dizionario filosofico*. Turim: Einaudi, 1955, p. 244.

O QUE A GUERRA SIGNIFICA

a guerra tem a sua antigüidade e em todos os séculos sempre foi assim; e com ela sempre se assistiu ao aumento de viúvas e de órfãos, as famílias perderem seus herdeiros e os irmãos perecerem em uma mesma batalha. [...] Da injustiça dos primeiros homens, como de uma única fonte, surgiu a guerra, não apenas devido à necessidade de impor-se, mas também para estabelecer direitos e pretensões. Se a esses homens tivesse sido possível abster-se de desejar a propriedade dos vizinhos, teriam usufruído da paz e da liberdade para sempre[4].

Em síntese: Platão considera a guerra uma manifestação de inutilidade; para de Maistre ela é divina (isto é, produzida por uma concepção incognoscível); Hegel a julga uma necessidade histórica; Nietzsche (1844-1900) exalta-lhe a beleza; Voltaire demonstra-lhe a estupidez; e La Bruyère limita-se a admitir que ela é inevitável. Não terá passado despercebido de ninguém que todos partem do reconhecimento da guerra como dado elementar e estrutural da história humana: ninguém indagará sua superação, nem sustentará se é evitável, nem proclamará a sua obsolescência? Na verdade, é exatamente esse último o programa levado adiante corajosamente em séculos de redação de projetos de paz perpétua: da *Grande idéia*, de Sully (1559-1641), ao *Novo Cineu*, de E. Crucé (1590-1648); do *Discurso sobre a paz*, de W. Penn (1644-1718), ao *Projeto para devolver a paz perpétua à Europa*, do padre de Saint-Pierre (1658-1743); do *Projeto para uma paz universal e perpétua*, de J. Bentham (1748-1832), ao *Para a paz perpétua*, de Fichte (1742-1814) ou, enfim, ao modelo de *Reorganização da sociedade*

---

4. J. de La Bruyère, *I caratteri*. Turim: Einaudi, 1981, p. 182.

141

européia, de Saint-Simon[5]. Mas a característica comum desses pensadores – como se sabe – é a utopia, que nos afasta devido a sua presunção em negligenciar a força dos argumentos a favor da guerra e em exaltar de forma irreal as perspectivas da paz. Totalmente diferente é a elaboração de I. Kant, cujo conceito da guerra é incompatível com aqueles lembrados; de fato, para ele a guerra tem um papel a desenvolver na história, sendo o vetor que deverá "transportar" a humanidade para uma outra condição em relação à condição tradicional:

> *A natureza se valeu da discórdia entre os homens, e até mesmo da discórdia entre as grandes sociedades e entre as entidades especiais que são os corpos políticos, como um meio para extrair dos seus inevitáveis* antagonismos *uma condição de paz e de segurança; isto é, por intermédio da guerra* [...], *incita tentativas a princípio imperfeitas, e por último, depois de muitas devastações, reviravoltas e também pelo contínuo esgotamento interno das suas energias, propõe-se a fazer o que a razão, também sem uma triste experiência, poderia sugerir: ou seja, sair do estado marginal de barbárie e entrar em uma federação de povos* [...]. *Todas as guerras são portanto (não certamente na intenção dos homens, mas na da natureza) igualmente tentativas para estreitar novas relações entre Estados*[6].

Sabemos aonde Kant quer chegar: à "paz perpétua", determinada pelo fato de que

---

5. Para reconduzir essa problemática à unidade, cf. D. Archibugi e F. Voltaggio (Orgs.), *Filosofi per la pace*. Roma: Editori Riuniti, 1991.

6. I. Kant, "Idea di una storia universale dal punto di vista cosmopolita", in *Scritti politici e di filosofia della storia e del diritto*. Turim: Utet, 1956.

para os Estados que estão em relação recíproca não há outra maneira racional de sair do estado natural sem leis, que é o estado de guerra, a não ser renunciando, como simples indivíduos, à sua liberdade selvagem [...] *e formando um* Estado de povos[7].

O raciocínio é claro e consiste em uma drástica revisão do modelo de Hobbes: enquanto o filósofo de Malmesbury havia distinguido indivíduos e Estados, destinando os primeiros à sociedade civil e os segundos ao estado de natureza belicosa, Kant subverte o raciocínio prevendo para os Estados um percurso análogo ao dos indivíduos. Também os Estados perceberão, a um certo ponto do desenvolvimento de suas formas de destruição recíproca, a insustentável situação em que se encontram e entrarão em uma forma de organização pacífica (se essa deveria se tornar depois uma verdadeira federação ou mais simplesmente uma confederação, ou um mero acordo internacional, é uma questão que aqui não nos interessa). Mas não é só isso que torna única a posição kantiana, mas sim uma simples consideração sua, por muito tempo negligenciada, e que somente há poucos anos foi reavaliada e colocada (como veremos adiante) no centro de um debate interessante e original. Trata-se do conteúdo do chamado "primeiro artigo definitivo para a paz perpétua", que prescreve: "A constituição civil de cada Estado deve ser republicana" (*Per la pace perpetua*, p. 292).

Ora, traduzindo em linguagem contemporânea a intenção kantiana, diremos que a paz poderá ser assegurada somente quando o sistema internacional for composto por Estados

---

7. Ibid., p. 301.

democráticos. Basta observar que nenhum filósofo (e nem ao menos um cientista político) tinha até então (e nunca mais durante quase dois séculos) proposto uma condição de tal gênero, para se perceber seu alcance revolucionário. Chegou então o momento de refletir sobre a relação entre a guerra e as formas de governo que estabelecem para si os Estados que depois as combaterão proclamando-lhe a inevitabilidade, a santidade, a justiça.

2. Guerras e regimes políticos

O problema que se delineia é muito sugestivo: existe uma relação entre a natureza dos (de alguns) Estados e as suas propensões belicosas? Trata-se de uma temática que, rigorosamente, só pode ser encarada de forma completa no século XX, o único século que conheceu modelos de regime político nitidamente diferentes entre si (além de incompatíveis reciprocamente, as hostilidades típicas da era das monarquias patrimoniais não eram inferiores, mas vertiam em especial sobre a "propriedade", não sobre a forma de governo), e que, de qualquer maneira, não poderia ser proposta de forma racional antes da Revolução Francesa. O ponto que esse problema levanta é muito importante também por um outro motivo, considerado central na história das relações internacionais, mas apenas muito raramente confrontado (devido à sua complexidade): qual é a relação entre o Estado que decide fazer uma guerra e o ambiente que o circunda? Em outras palavras, um Estado ditatorial, por exemplo, combate outros Estados do mesmo tipo, ou a consonância entre os regimes análogos favorece a boa vizinhança? Em suma, a hostilidade é produzida pela simples proximidade entre Estados diferentes (como pensava Hobbes, para efeitos de clareza) ou depende de uma contingência específica, determinada pelo temor de que uma ideologia adversa os contamine um ao outro? O debate sobre o sentido da guerra e da democracia visa esclarecer tudo isso.

Devemos reconhecer que Montesquieu toca nesse ponto quando observa ser realmente

> *contra a natureza das coisas que, em uma constituição federativa, um Estado confederado conquiste um outro* [...]. *É também contra a natureza das coisas que uma república democrática conquiste cidades que não desejam entrar na esfera da sua democracia.*
>
> (*Lo spirito delle leggi*, II, X, 6, p. 254)

Ao retomar a observação kantiana segundo a qual os Estados democráticos não são belicosos, um pensador norte-americano anunciava em 1983 a sua descoberta ao mundo: Kant tinha razão; tanto é verdade que os Estados democráticos – desde que seja possível contabilizar países governados por esse tipo de regime – nunca mais combateram entre si[8]. Ora, não só isso é bastante verdadeiro (existem pouquíssimos casos controvertidos), mas, se aprofundarmos a idéia sugerida por essa correlação, poderemos concluir que a guerra desaparecerá (ou desapareceria) no dia em que todos os países do

---

8. M. W. Doyle, "Kant, Liberal Legacies, and Foreign Policy", *Philosophy and Public Affairs*, XII, n. 3, n. 4, 1983. Cf. A. Panebianco, *Guerrieri democratici. Le democrazie e la politica di potenza.* Bolonha: Il Mulino, 1997.

A GUERRA

mundo forem democráticos[9] – e essa não é uma inovação recente. Tanto é verdade que, se desenvolvermos a trama que assim se forma à luz do fato de que o número de países democráticos no mundo aumenta progressivamente, até superar o patamar de 50% nos últimos anos, diremos que metade do sistema internacional soube resolver pacificamente – isto é, de um modo não violento, o que é uma das condições processuais de afirmação de um regime democrático – as suas controvérsias; constataremos que nenhum dos Estados democráticos iniciou até agora uma guerra[10]. O que não quer dizer que as democracias nunca combatam, mas que se defendem preponderantemente; mais do que tudo, o mais surpreendente é que elas quase sempre vencem as guerras para as quais foram atraídas[11], o que poderia ser entendido como uma prova da superioridade do regime democrático em relação aos outros. Seria suficiente para avaliar a fundo o alcance dessa descoberta recordar que grandes países como a Alemanha, o Japão e a Itália descobriram a democracia exatamente na derrota durante a guerra.

A melhor prova do valor dessa lei poderia ser extraída da apuração da hipótese contrária: existiria um nexo entre belicosidade e despotismo (entendendo essa palavra como a representação sintética de todos os regimes não democráticos e

---

9. Vale a pena acrescentar que essa correlação é considerada entre os internacionalistas como aquilo que "temos de mais próximo a uma lei empírica nas relações internacionais". J. Levy, "Domestic Politics and War", *Journal of Interdisciplinary History*, XVIII, n. 4, 1988, p. 662.

10. A única grande e verdadeira exceção a essa lei, embora envolta em razões particulares, é a guerra movida pelos Estados Unidos contra o Vietnã.

11. Desde que existem os Estados democráticos, ou seja, de 1816 a 1982 (o último ano do qual existem estatísticas internacionais consolidadas – mas essa condição valeria principalmente para os anos seguintes), as democracias participaram de 26 guerras e venceram 21 delas. Cf. D. A. Lake, "Powerful Pacifists: Democratic States and War", *American Political Science Review*, LXXXVI, n. 1, 1992.

146

O QUE A GUERRA SIGNIFICA

não liberais)? Sim, não era democrática (pelo menos segundo os modelos que hoje relacionamos à idéia de democracia) a Prússia de Bismarck quando desencadeou a guerra contra a França em 1870, nem o eram a Áustria-Hungria de 1914 ou o Terceiro *Reich* alemão em 1939. Todavia, poderíamos desenvolver um contra-argumento relativo ao fato de que – por mais válida que possa parecer a associação entre democracia e paz – não parece impossível demonstrar que os Estados ditatoriais desenvolvam uma política externa pacífica: no fundo, a antiga União Soviética combateu (para usarmos os termos adequados) somente a guerra do Afeganistão (de 1979), e o primeiro verdadeiro conflito entre Estados socialistas deu-se entre o Vietnã e o Camboja, em 1977. Seria como dizer que também os Estados não democráticos podem ser não belicosos. O alcance da dúvida poderia ser ampliado e direcionado para esta dúvida: um Estado pode "permitir-se", por assim dizer, ser democrático em um sistema internacional que no seu conjunto não o é? No fundo era precisamente esse o receio de A. Hamilton (1755-1804), um dos pais da Constituição norte-americana:

esperar que certo número de Estados soberanos situados no mesmo território e independentes uns dos outros, mas privados de qualquer vínculo recíproco, se mantenham por muito tempo em paz entre si, equivaleria a esquecer o que foi o curso da história da humanidade e a ignorar toda uma experiência acumulada ao longo dos séculos. As causas da hostilidade entre os povos são inúmeras, e há algumas que agem de modo quase geral e constante sobre a sociedade[12].

---

12. A. Hamilton, "Circa i pericoli che potrebbero derivare da dissensi tra i vari stati", in *Il federalista*, n. 6. Bolonha: Il Mulino, 1980, p. 62.

A GUERRA

Colocada de lado a observação segundo a qual nem sequer os regimes democráticos funcionam sempre perfeitamente (seria suficiente recordar o temor do despotismo da opinião pública, denunciado, entre os internacionalistas, por H. J. Morgenthau; ou a desilusão experimentada pelas promessas não mantidas pela democracia, segundo a fórmula de N. Bobbio[13]), faz-se necessário mostrar os termos do problema no seu radicalismo extremo: ainda que se admita que regimes diferentes tenham diferentes propensões com respeito à guerra e à paz, haveria uma "razão" determinante, central, única e exclusiva, que nos esclarecesse a existência da guerra na nossa história?

3. A guerra na teoria das relações internacionais

Em síntese seria possível dizer que a disciplina acadêmica das relações internacionais nasceu no final da Primeira Guerra Mundial, justamente para abordar de forma científica apenas este problema: por que a guerra na política internacional? As duas têm a mesma essência? O riquíssimo e intenso debate que se desenvolveu em torno dessas perguntas pode ser direcionado esquematicamente para duas propostas, chamadas entre os especialistas de "teoria idealista" (que nada tem a ver com o idealismo filosófico) e de "teoria realista" das relações internacionais. O contraste fundamental entre elas incide sobre o

---

13. Cf. H. J. Morgenthau, *Politics among Nations.* Nova Iorque: Knopf, 1949, cap. 9 e cap. 16; N. Bobbio, *Il futuro della democrazia.* Turim: Einaudi, 1991, primeiro e último capítulo. [Ed. brasileira: *O futuro da democracia.* São Paulo: Paz e Terra, 2000.]

148

O QUE A GUERRA SIGNIFICA

conceito de anarquia, considerado pelos primeiros uma conseqüência da incompreensão entre os Estados e pelos segundos como uma condição existencial que não pode ser modificada (na linguagem do capítulo precedente, diríamos que para os idealistas a anarquia é a conseqüência, enquanto para os realistas é a causa). Para os primeiros, "são as trevas, a dúvida e a ignorância que criam o medo, e é o medo que cria a guerra"[14]; a origem teórica dessa posição pode ser encontrada no pensamento do filósofo inglês do final do século passado T. Hill Green (1836-1882) – então um verdadeiro *maître à penser*–, segundo o qual "não há nada na natureza dos Estados, tendo em vista a multiplicidade deles, que possa constituir uma vantagem para um e uma perda para outro"[15], de forma que:

> *com o desaparecimento das desconfianças nacionais e com a remoção das profundas causas de guerra que* [...] *estão ligadas à deficiente organização dos Estados, o sonho de um tribunal internacional, cuja autoridade seja baseada na participação dos Estados independentes, poderá se tornar realidade.*
>
> (*L'obbligazione politica*, p. 395)

Como se constata, o caminho é o do pacifismo jurídico, que era incerto no início do século, mas que conheceu vultosos, ainda que incompletos, progressos durante os decênios que se seguiram (e principalmente no mundo contemporâneo, que passou por importantes avanços no processo de integração jurídica internacional); a diagnose consiste na denúncia da

---

14. L. Woolf, *International Government*. Londres: Allen and Unwin, 1916, p. 135.

15. T. H. Green, *L'obbligazione politica*. Catânia: Giannota, 1973, p. 382.

A GUERRA

ignorância e da incompreensão exaltadas por causa dos conflitos; a prescrição, enfim, era representada pelo reformismo, voltado para melhorar as estruturas político-organizativas no interior dos Estados, responsáveis pelas discórdias, erros e distorções: a democracia (mais uma vez) teria resolvido tudo. A análise realista é diametralmente oposta. Eis a reconstrução proposta por um dos seus maiores teóricos contemporâneos:

> *a causa fundamental da guerra não está nem nas rivalidades históricas, nem na paz injusta, nem nos ressentimentos nacionais, nem na corrida armamentista, nem na pobreza, nem na competição econômica pelos mercados e pelas matérias-primas, nem nas contradições do capitalismo, nem na agressividade do fascismo e do comunismo* [...]. *A causa fundamental da guerra reside na ausência de um governo internacional; em outras palavras, na anarquia dos Estados soberanos*[16].

A contraposição não poderia ser mais drástica: ordem contra anarquia, compreensão recíproca contra ingovernabilidade; em outras palavras, será a guerra inextirpável até que um governo internacional (um "Leviatã" internacional) não coloque fim a todos os contrastes? É difícil responder a uma pergunta que implica alto grau de envolvimento emotivo e ideológico; entre idealismo e realismo ocorre a mesma diferença que existe entre otimismo e pessimismo, ou entre espírito progressivo e espírito conservador. Contudo, podemos ainda imaginar uma via intermediária: a seguida por L. Einaudi (1874-1961), tão liberal quanto os reformistas britânicos e, ao mesmo tempo,

---

16. M. Wight, *Power Politics*. Harmondsworth: Penguin Books, 1986.

150

O QUE A GUERRA SIGNIFICA

suficientemente realista a ponto de não se abandonar às ilusões; esse último ponto de vista leva a conseqüências extremas a crítica ao "dogma da soberania absoluta e perfeita [que] em si mesma é demasiado maléfica"[17], enquanto o primeiro – e à luz da experiência federal estado-unidense – pensa em formas de integração adotadas de maneira livre e em temáticas predominantemente econômicas, de forma que a transmissão de algumas prerrogativas tradicionais da soberania dá vida, mais do que a uma manifestação espontânea de uma bondade natural, a formas de convergência dos interesses. Uma teoria "política" das causas das guerras parece então a única que pode ser proposta se, como observa N. Bobbio,

a teoria da política de potência se isenta das críticas às quais são submetidas as (outras) teorias porque explica o fenômeno da guerra prescindindo completamente do sistema ideológico, do regime político e do sistema econômico[18].

Parece sem dúvida difícil negar que cada uma dessas elaborações revela uma parte da verdade; mas nenhuma parece esgotar todos os problemas. Portanto, não se pode deixar de considerar que podemos obter pelo menos uma conclusão: o problema "existencial" da guerra deve ser colocado no seu nível "político", o qual encerra em si de modo sistemático, reconduzindo à unidade, todas as variáveis (das antropológicas ou psicológicas às morais ou filosóficas, das tecnológicas às econômicas, etc.) que, como vimos nos capítulos precedentes,

---

17. Cf. L. Einaudi, "Il dogma della sovranità e l'idea della Società delle Nazioni", in *La guerra e l'unità europea*. Bolonha: Il Mulino, 1986, p. 30.

18. N. Bobbio, "Rapporti internazionali e marxismo", in *Filosofia e politica. Scritti dedocato a Cesare Luporini*. Florença: La Nuova Italia, 1981, p. 316

A GUERRA

reivindicavam, de um ponto de vista unilateral, um tipo de primado elucidativo. Concluiremos de forma mais simples que o ponto de vista eletivo da guerra é o das relações internacionais, para as quais – não nos esqueçamos – a guerra, mesmo sendo o evento central e mais importante, não é certamente o único, nem o mais duradouro no tempo: os Estados vivem mais tempo em paz do que em guerra.

Aderindo a essa afirmação, poderemos então entender uma característica original da era contemporânea em cuja circunstância a relação entre política internacional e guerra foi se transformando drasticamente nos últimos decênios. À sombra dramática do cogumelo nuclear que exerce, de qualquer forma (como vimos no segundo capítulo), a função de acalmar os conflitos internacionais, o ritmo das guerras parece ter passado por certa contração: das 32 guerras especificamente internacionais que se travaram no mundo entre 1945 e 1989, dezoito delas se referem à destruição dos impérios coloniais (e representam portanto uma categoria já extinta); das catorze restantes, quatro dizem respeito ao conflito de longa duração do Oriente Médio, enquanto as outras dez foram diádicas, e essencialmente periféricas, como a guerra indo-paquistanesa de 1965 ou a guerra das Malvinas (1982) – um caso totalmente particular é o da crise da antiga Iugoslávia, onde um conflito civil se transformou progressivamente em guerra internacional por meio da proclamação da independência de várias das repúblicas que pertenciam à federação[19]. Mesmo que possa parecer arriscado afirmar que a relação entre guerra e política internacional já se modificou, não é irreal observar que o temor

---

19. Dados particularmente atualizados sobre os conflitos internacionais recentes são fornecidos por P. Wallensteen e K. Axell. "Conflict Resolution and the End of the Cold War, 1989-1993", *Journal of Peace Research*, XXXI, n. 3, 1994.

152

O QUE A GUERRA SIGNIFICA

da guerra atômica (que durou e aumentou ao longo de meio século) poderia ter tido um efeito paradoxal, mas totalmente inconcebível, ao determinar um tipo de "mutação genética", de modo que, enquanto recorrer à guerra se tornava cada vez mais difícil devido ao perigo nuclear, a guerra acabava sendo um instrumento de solução de conflitos cada vez menos utilizado, até que se perdeu, por assim dizer, o hábito de se recorrer a ela. Que não pareça um exagero: a conclusões desse tipo chega também quem, de sua parte, sente falta da "velha, querida e honrada guerra" de outros tempos, como o autor de um panfleto publicado em 1989 e que se insere no mesmo filão que o impensável sucesso do artigo de F. Fukuyama, "O fim da história"[20], a manifestação de um desarranjo (que se poderia definir como a "síndrome dos órfãos do bipolarismo") experimentado diante da suspensão do choque mortal entre dois mundos e duas ideologias. E assim, eis o despeito provado pelo fato de que "a guerra não é mais festa, nem jogo, nem eros, nem epos, nem prova. Não é mais criadora, é apenas destruidora. A guerra nuclear sai do humano e entra em um âmbito que não nos diz mais respeito. Sendo morte absoluta, iguala-se ao zero absoluto"[21].

A conseqüência que se extrai é esta:

E a paz é anunciada para um longo tempo. Mas essa impossibilidade de fazer a guerra, e também, o simples fato de pensar nela, se voltou contra nós sob a forma de perda de solidariedade, individual e coletiva, de solidão, de uma disseminada criminalidade, de senso de impotência, de chatice,

---

20. Publicado no *The National Interest*, n. 16, 1989.

21. M. Fini, *Elogio della guerra*. Milão: Mondadori, 1989, p. 18.

A GUERRA

de frustração, de neurose, de doença, de impulsos autodestrutivos, de suicídio, de droga. Sobretudo as jovens gerações foram atingidas. Com estupor devemos constatar que a paz nos tornou mais infelizes.

(*Elogio della guerra*, p. 130)

Não é difícil combater argumentos como esses, apesar de se valerem, minimamente que seja, da transformação em curso de uma época: não devemos deduzir com ingenuidade que a era das guerras tenha declinado automaticamente; seria mais acertado deduzir que, de qualquer forma, está em curso uma modificação anômala nas formas de violência política que viram – e não foi por acaso – nos últimos anos o número de guerras civis superar de longe o de guerras internacionais – como se os conflitos se deslocassem *para o interior* dos Estados e não se desenvolvessem mais *entre* os Estados[22]. Mas o exemplo que acabamos de citar não é único nem singular: R. Fox, professor de teoria social em uma prestigiosa universidade dos Estados Unidos, comparou guerra, religião e sexo, considerando-os três instintos inextirpáveis da humanidade, recondutíveis à sua natureza agressiva[23]; em uma vertente totalmente distinta, a da teoria estratégica, não falta quem se declare preocupado com o fim da "guerra fria", a crise do bipolarismo, e defenda um incremento no desenvolvimento de armas nucleares por parte do Ocidente, especialmente em solo europeu[24].

---

22. Por acaso estamos diante de uma revanche póstuma do idealismo sobre o realismo?

23. Cf. R. Fox, "Fatal Attraction War and Human Nature", *The National Interest*, n. 30, 1992-93.

24. Cf. J. J. Mearsheimer, *Ritorno al futuro. L'instabilità in Europa dopo da guerra fredda*. Milão: Anabasi, 1994.

O QUE A GUERRA SIGNIFICA

Não se trata aqui de estabelecer quem tem ou não razão; concluímos, pelo menos, que a guerra representa, de qualquer forma, um "objeto" ao qual a cultura humana está estreitamente ligada. No próximo item, certificar-nos-emos disso de um ângulo mais insólito.

4. A guerra como livre manifestação de sentimentos

É suficiente recordar o *incipit* do mais famoso poema de entretenimento do Renascimento, *Orlando Furioso*, "As armas, os varões, as cortesias,/As mulheres, o amor e a audácia eu canto", para perceber como, de acordo com Ariosto (1474-1533), o amor, os prazeres e a guerra estão entrelaçados e o quanto esta última, em particular, pode ser objeto de uma representação poética[25]. Nesse período, consolida-se um novo tema musical, a partir do napolitano (provavelmente), que se difunde em toda a Europa: trata-se de "L'homme armé", sobre o qual nada menos do que 31 missas são encomendadas (as mais conhecidas são as escritas por Josquin des Près, 1440-1521), e nas quais não é difícil perceber a referência ao espírito cavalheiresco e – o que é mais significativo – o chamado a uma época, de particular belicosidade, época que vai da segunda metade do século XV até a primeira do seguinte. Quase no mesmo período, em 1503, Leonardo da Vinci é chamado pelos senhores de Florença para comemorar a batalha vitoriosa de Anghiari,

---

25. Uma introdução a essa temática é a leitura de J. R. Mulryne e M. Shewring (Orgs.), *War, Literature and the Arts in Sixteenth-Century Europe*. Londres: Macmillan, 1989.

A GUERRA

em 1440 (como se sabe, apenas alguns esboços chegaram até nós), data que é aproximadamente a mesma em que Paolo Uccello pinta suas três extraordinárias versões da *Batalha de São Romano*, na qual as tropas florentinas guiadas por Nicolau de Tolentino derrotam as de Siena.

Ninguém até agora se dedicou, infelizmente, a uma leitura interdisciplinar – "estruturalista", por assim dizer – da relação que decorre entre as artes (música, pintura e literatura e, no século XX, a cinematografia) e a guerra; mas, das inúmeras manifestações artísticas que têm no seu centro a guerra, podemos facilmente deduzir que uma verdadeira seção da história da estética poderia lhe ser dedicada. Mas como introduzir esse novo capítulo, novo também para os historiadores das guerras, talvez compenetrados demais na dimensão circunstancial das suas pesquisas, para perceber a riqueza das várias nuanças culturais? Como sabemos, a música representa uma dimensão elementar da vida antiga, de forma que é fácil alegar, como primeira prova do encontro entre guerra e arte, que esse gênero de composições – musicais e poéticas ao mesmo tempo – acompanha os homens na guerra ou os recepciona, com os seus despojos e os seus mortos, no retorno das batalhas. Quem se esquece das líricas de Tirteu, de Mimnermo ou de Estesícoro[26], e da musicalidade dolorosa do coro de anciãos que nos *Persas*, de Ésquilo, pede, trêmulo, notícias de suas tropas que partiram para construir um grande império, mas que vê seus sonhos desfeitos ante a heróica resistência grega? Não é para erigir o *donario*, monumento dedicado pelos atenienses a Delfos para celebrar a vitória de Maratona (490 a.C.), que Fídias esculpia? E a riqueza das "Vitórias" (*Nikai*), das quais a escul-

---

26. Em antologia, ao lado de outros poetas, *I lirici greci*. Turim: Einaudi, 1969.

tura grega nos ocultou o que representam, deixando-nos apenas a coroação da batalha, no momento da vitória? É, na verdade, uma pena que os historiadores da arte, que tantas palavras gastaram sobre a plasticidade das figuras, o requinte dos tecidos, a intensidade das máscaras, a precisão anatômica, nunca tenham refletido sobre a função que a escolha desses temas por parte dos artistas teve na transmissão cultural dos valores do tempo. Quantas informações sobre a guerra da época nos proporciona o mosaico de Pompéia (atualmente em Nápoles) que mostra a *Batalha de Alexandre contra Dario*?

A representação da guerra nasce, presumivelmente, na função parenética de realçar a coragem e o espírito de abnegação dos soldados que partem para a batalha; basta lembrar que a armadura de um hoplita pesava de 25 a 35 quilos para se avaliar quanto fervor era necessário (amiúde cabia também ao álcool essa função)[27] para afastá-lo do seio da família; a isso se acrescente, no pós-guerra, ao lado da compaixão pelos mortos e da exaltação dos vencedores, o aspecto da celebração – tanto ao espírito patriótico quanto ao comandante, que a partir dessa celebração constrói a sua carreira política e que, com esse mesmo objetivo, recorre ao mecenato para estimular a criatividade e a fantasia de poetas, pintores, escultores e músicos. Essa última função predomina, de modo verossímil, na história da relação entre arte e guerra até – e durante toda – a Idade Moderna, mesmo que, naturalmente, a liberdade criativa possibilitasse a mestres como Rubens representar com inigualável expressividade (um pouco literária, mas muito intensa –

---

27. Cf., sobre esses aspectos da vida do combatente antigo, V. D. Hanson, *L'arte occidentale della guerra. Descrizione di una battaglia nella Grecia classica.* Milão: Mondadori, 1990.

A GUERRA

e não se deve esquecer que a época é a da Guerra dos Trinta Anos) *As conseqüências da guerra*, de 1638 (Galeria Palatina, Palácio Pitti, Florença)[28], com certo moralismo, típico aliás da cultura barroca. Muitas vezes se tornando pintura de costumes ou de cenas, especialmente na representação das batalhas[29], a expressão artística atinge a plenitude, claro que não por acaso, no clima da Revolução Francesa e da agitação européia que se segue à Revolução, com sua seqüência de guerras e de batalhas. Assim, enquanto J. Haydn dedica, em 1796, a *Missa in tempore belli* às orações a fim de que as tropas francesas, que penetraram na Caríntia, não alcancem Viena (a *Missa in angustiis*, composta dois anos mais tarde, é relacionada, talvez com imprecisão, à vitória de Nelson, em Trafalgar, sobre Napoleão)[30], e a pintura oficial desenvolve ainda a sua função retórica de celebração dos grandes personagens (lembremo-nos, de David, tanto em *Morte de Marat*, distante da dramaticidade do momento, quanto no que viria logo depois e que imortalizaria os triunfos napoleônicos), de algum lugar na Espanha começa a agitar-se uma nova guerra. Ou melhor, na verdade uma nova e complexa conjuntura, destinada a ter inúmeras comprovações nos decênios seguintes, se impõe: de fato, não apenas a população espanhola "inventa", na resistência contra Napoleão, a guerrilha, mas se encontra

---

28. Páginas dedicadas a essa ópera encontram-se em J. Burckhardt, *Rubens*. Turim: Einaudi, 1967, p. 140-1.

29. Entre as quais se sobressaem, pela sua função magistral, *La battaglia de Costantino*, idealizada pelo pintor Rafael e executada pelos seus ajudantes nos palácios do Vaticano, e a *Battaglia de Cadore* de Ticiano (perdida). Não nos esqueçamos de que de muitas obras extraímos informações materiais sobre o desenvolvimento das batalhas ou sobre as técnicas de combate.

30. Beethoven, por sua vez, celebra a vitória de Wellington na Espanha, ocorrida em 1813 contra as tropas francesas.

158

O QUE A GUERRA SIGNIFICA

logo depois, uma vez conquistada a vitória e obtida a conhecida "Constituição de Cádiz", acertando as contas com o regime repressivo de Fernando VII. Nessas circunstâncias, amadurece o que seria uma verdadeira revolução pictórica, imposta pela primeira "denúncia" dos *Desastres da guerra*[31], realizada por Goya nas 85 águas-fortes produzidas entre 1810 e 1820. Na guerra vista por Goya, não há mais heroísmo, não há mais exaltação nem celebração, mas violência, horror, danação: também a arte pode contribuir para a luta política. Enfim, há um espírito de rebelião ditado por uma mensagem política: foi testemunhado de modo claríssimo (e elevadíssimo), no mesmo ano de 1831 (não por acaso, naturalmente), por Delacroix, com a tela *Liberdade guiando o povo*, e por Chopin, com *O estudo da revolução* (op. 10, nº 12), mais conhecido como *A queda de Varsóvia*, arrancada aos patriotas poloneses pelas tropas russas.

Um novo caminho estava aberto, mas uma reconstrução exata dos seus progressos exigiria um espaço que não cabe aqui (mas é preciso lembrar pelo menos Tolstói e *Os contos de Sebastopol*, magistral reportagem da guerra da Criméia, para não falar de *Guerra e paz*, nem da reconstrução da batalha de Waterloo apresentada por Stendhal na *Cartuxa de Parma* em 1839). Observar-se-á de passagem como, ao contrário, uma fase de desenvolvimento introspectivo impede o impressionismo francês de enfrentar uma das páginas mais importantes e dramáticas da história de sua época, a guerra de 1870; páginas que levam Zola, por sua vez, a um dos seus maiores romances, *A derrocada* (1892), enquanto o único vestígio de

---

31. De qualquer modo, não podemos nos esquecer de que, ainda que sem a mesma força corrosiva, J. Callot já havia se dedicado a esse tema em 1633, com as *Miserie e disgrazie della guerra*.

A GUERRA

engajamento pictórico é a lembrança (que nasce de uma evidente citação do famosíssimo *3 de maio*, de 1808, de Goya) dedicada por Manet ao fuzilamento de Maximiliano da Áustria, por pouco tempo imperador do México, executado em 1866. Considerações bem mais complexas – mas também nesse caso, nada mais que uma evocação – requisitariam as expressões artísticas exortadas pela Primeira Guerra Mundial: não se lembrarão (para sugerir um confronto, sintomático do abismo que se vai abrindo entre duas moralidades da guerra, uma de exaltação e outra de condenação) a não ser dos romances *Tempestades de aço*, de E. Jünger, de 1920, e *Nada de novo no fronte ocidental*, de E. M. Remarque (1920)[32], das poesias de W. Owen[33], e das obras dos pintores alemães de Weimar (Dix, Grosz, Beckmann, Schlemmer)[34]. Um enfoque mais preciso pede o advento da Segunda Guerra Mundial.

Quatro obras se sobressaem, a título emblemático e certamente não exaustivo: as de P. Picasso, J. Fautrier, D. Chostakovitch e B. Britten. Não há criação artística que melhor condense em si a "revelação" do que o nazi-fascismo esteve para desencadear no mundo do que *Guernica*, o grande mural que Picasso começou a pintar em 1º de maio de 1937, ou seja, na semana seguinte ao bombardeio que havia destruído a cidadezinha basca, em que restou ileso praticamente só um famoso carvalho centenário. Não é possível descrever aqui essa obra, na qual nove figuras representam, cada uma delas, um papel di-

---

32. A título de introdução a essa riquíssima página, cf. P. Fussell, *La grande guerra e la memoria moderna*. Bolonha: Il Mulino, 1984; e, com relação à Itália, M. Isnenghi, *Il mito della grande guerra*. Roma-Bari: Laterza, 1973.

33. W. Owen, *Poesie di guerra*. Turim: Einaudi, 1985.

34. Sobre os quais, cf. M. Eberle, *World War I and the Weimar Artistis*. New Haven: Yale Univ. Press, 1985.

O QUE A GUERRA SIGNIFICA

ferente: quatro mulheres, uma criança, a estátua de um guerreiro, um touro, um cavalo, um pássaro, que revelam ao mundo (que pôde admirar a obra, encomendada ao artista pelo governo republicano espanhol no exílio, a partir da mostra internacional de Paris do mesmo ano) quais teriam sido os efeitos do primeiro grande bombardeio aéreo da história e anunciam o que estaria por acontecer[35]. Mas talvez ninguém esperasse ver o que viu J. Fautrier, o precursor da pintura informal refugiado durante a ocupação nazista em um manicômio às portas de Paris, ao longo do muro perimetral onde todas as noites os caminhões alemães descarregavam dezenas de pessoas que depois eram fuziladas. Uns trinta *Otages* são o produto perturbador desse voyeurismo[36] forçado pela morte, que transcende o programa teórico da pintura informal que se encontra dramaticamente – e aqui se transfigura – com a deformação dos corpos abandonados, decompostos, violados, recuperando imprevisivelmente uma função narrativa, cronista, descritiva de uma devastação tão grande a ponto de na verdade ter perdido toda "forma" humana.

Noutro fronte do avanço nazista, uma nova e espantosa tragédia atormenta Leningrado, sediada desde o final de agosto de 1941, durante novecentos dias[37]. Entre a população (que no final do assédio terá tido 632 mil vítimas, quase todas arrasadas pela fome e pelo frio) está também Chostakovitch[38], uma

---

35. Sobre *Guernica*, ver a monografia fascinante de R. Arnheim, *Guernica, genesi di un dipinto*. Milão: Feltrinelli, 1964.

36. P. Bucarelli, *Jean Fautrier*. Milão: Il Saggiatore, 1960, p. 81.

37. Como lembra o título do importante relato redigido por H. E. Salisbury, *I novecento giorni. L'assedio di Leningrado*. Milão: Bompiani, 1966.

38. Sobre a obra sinfônica ver, a título de introdução, F. Tammaro, *Le sinfonie di Šostakoviè*. Turim: Giappichelli, 1988.

A GUERRA

das glórias musicais do regime soviético, o qual oferece a sua contribuição à resistência, reafirmando os valores do espírito e o primado da arte em relação à violência, com uma grande sinfonia (a nº 7, *Leningrado*). Essa sinfonia será executada pela primeira vez na cidade assediada em 5 de março de 1942; logo depois, recuperada e difundida pelo rádio e em inúmeros concertos pelos Estados Unidos (uma apresentação será regida, em 19 de julho do mesmo ano, por A. Toscanini, em Nova Iorque), assumindo o valor da promessa anunciada pelo povo russo ao mundo: a determinação de resistir ao nazismo e combatê-lo, e também, e mais ainda, a confiança na vitória. Segundo o comentário do próprio autor, "se quiséssemos dar como título à primeira parte 'Guerra', então a quarta deveria se chamar 'Vitória'. Essa última seção se desdobra na idéia da luta pela sobrevivência. A luta entre a vida e as forças obscuras se transforma em um júbilo radioso. Nós passamos à ofensiva. A pátria é vitoriosa"[39].

Se Chostakovitch se propõe, como na música antiga, a mobilizar as forças mais extremas de resistência dos seus compatriotas, Britten intervém, ao contrário, muitos anos depois do final do conflito, com um grandioso oratório dedicado às vítimas da guerra: a primeira execução acontece, não por acaso, em 30 de maio de 1962, na catedral de Coventry, que acabava de ser reconstruída (em 14 de novembro de 1940, os bombardeios alemães tinham-na transformado em ruínas[40]). O *Réquiem de guerra*, de

---

39. Impossível esquecer que – mesmo com um êxito artístico bastante discutível – S. Prokofiev realiza precisamente em 1941 o seu grandioso projeto de adaptação musical de *Guerra e paz*, de Tolstói?

40. Depois da devastação, chegou a ser cunhada, para se referir a casos semelhantes, a expressão "coventrização". Sobre a batalha na Inglaterra, cf. L. Thompson, 1940: *Londra brucia*. Turim: Einaudi, 1968.

O QUE A GUERRA SIGNIFICA

B. Britten, faz parte de um contexto histórico-político obviamente bem distinto do passado, mas – diferentemente daquele – tornado ainda mais dramático e aterrorizador pela ameaça da guerra nuclear[41]. Britten concentra a sua celebração em um oratório entre um soldado inglês e um alemão, sustentados pela voz do soprano solista e pelo coro das crianças, que imploram juntos a liberação da humanidade do flagelo da guerra.

A representação da guerra conheceu assim um trajeto extraordinário, que ilustra notavelmente as transformações que aconteceram ao longo dos séculos na cultura, a qual mostrou um engajamento crescente ao realçar o espírito da guerra, ampliando continuamente o raio das suas intervenções. Um último exemplo? A grande bailarina e coreógrafa Marta Graham idealizou, em 1936, uma trilogia sobre a guerra, *Sketches from Chronicle*; no ano seguinte, a guerra de Espanha a inspirou a criar a coreografia de uma *Deep Song*, demonstrando, portanto, como não apenas a arte não tem limites nem temas definidos, como também a guerra é um problema de todos nós, que nos diz respeito a todo momento, inclusive na linguagem do

---

41. Não nos esqueçamos – para retomarmos o espírito da época – de que, nesses mesmos anos, foi publicado o romance de P. George, *Il dottor Stranamore*. Milão: Bompiani, 1964, e que no mesmo ano dessa tradução foi lançado o célebre filme homônimo interpretado por Peter Sellers. [*Doctor Strangelove or How I Learned to Stop Worrying and Love the Bomb*, dirigido por Stanley Kubrick. No Brasil recebeu o título de *Doutor Fantástico*.] Uma nota é pouco para ser dedicada ao importantíssimo papel desenvolvido pela cinematografia de guerra e sobre a guerra, de propaganda e de evocação ou denúncia, que no último meio século suplantou essencialmente as outras formas de expressão. Apenas algumas indicações a título de introdução: C. Bertiere, A. Giannarelli e U. Rossi (Orgs.), *L'ultimo schermo: Cinema di guerra, cinema di pace*. Bari: Dedalo, 1984; C. R. Koppes e G. D. Black, *Hollywood Goes to War*. Berkeley: University of California Press, 1987; A. Rosazza, *L'America e il nemico, 50 anni di cinema e politica*. Chieti: Métis, 1994.

A GUERRA

corpo, obrigando-nos assim a lembrar que também nisso a dança toca o coração da guerra, tendo essa última também no seu centro o corpo humano, destinatário da tentativa de atingi-lo, desmembrá-lo, infringir-lhe danos, privá-lo da vida. Arte e guerra, morte e vida: são inseparáveis?

5. Conclusão. O futuro da guerra e a guerra do futuro

O fim imprevisto da "guerra fria" – seja na data, seja na modalidade – não apenas deixa sem trabalho os autores de romances de espionagem de sucesso, como também abala qualquer idéia de que a cultura, científica ou humanista, vinha sendo construída nos últimos cinqüenta anos sobre a natureza e o futuro da política internacional. Nada, de fato, nas intempéries do ano de 1989, acontece segundo as regras, segundo as previsões – nem dos estudiosos nem dos políticos. Se a isso acrescentarmos que nos anos imediatamente posteriores o mundo assiste a uma guerra tão anômala quanto a do Golfo e uma das mais violentas guerras civis da história, na antiga Iugoslávia, eis que toda certeza parece desaparecer e qualquer projeção futura se mostra mais do que impossível, até mesmo insensata. Assim, diremos, conforme Burckhardt (1818-1897), que "um povo aprende a conhecer de fato a sua plena energia de nação somente na guerra, no combate que o coloca em confronto com outros povos"[42], ou, conforme Rimbaud (1854-1891), que escreve nos mesmos anos que Burckhardt,

---

42. J. Burckhardt, *Meditazioni sulla storia universale*. Florença: Sansoni, 1959.

164

O QUE A GUERRA SIGNIFICA

Enquanto uma terrível insânia tritura
e faz de tantos homens pilhas de fumaça;
pobres mortos!, no estio, na relva, em tua alegria,
Fizeste os homens, Natureza, em tanta graça[43].

A resposta a dúvidas tão envolventes não pode ser encontrada na história e nas obras humanas da forma como se desenvolveram, ou como poderiam acontecer, mas sim em uma reflexão teórica, que se proponha a oferecer uma sistematização da guerra a partir do seu lugar na realidade. Por isso, suponhamos que a guerra seja, em sua constituição, um fenômeno político que se manifesta, em suas formas normais, em um choque entre Estados soberanos (isto é, entidades políticas internacionalmente reconhecidas como tais) que visem objetivos materiais os mais disparatados, que vão da pura e brutal conquista à mais restrita afirmação de hegemonia. O que torna comum todas as guerras é que elas são travadas não *por si próprias*, mas pelo seu *objetivo*, ou pela determinação de uma regulamentação autoritária das relações entre os Estados. De tudo isso, deduziremos que toda guerra é travada visando ao *futuro*, para o qual os combatentes se esforçam em deixar a marca de suas vontades. Não se trata do mero desejo de desencadear a própria e arraigada violência, de dar vazão às forças reprimidas em cada um de nós; mas do empenho total, e até mesmo totalitário (enquanto a persuasão do abatimento violento substitui a razão discursiva), de impor a própria concepção da ordem futura das coisas a qualquer possibilidade

---

43. A. Rimbaud, "Le mal", in *Œuvres complètes*. Paris: Gallimard, 1954. "Tandis qu'une folie épouvantable broie/ Et fait de cent milliers d'hommes un tas fumant;/ Pauvres morts! dans l'été, dans l'herbe, dans ta joie,/ Nature! ô qui fis ces hommes saintement!..."

165

A GUERRA

de disputa – isso é a guerra. Assim lhe esclarecemos o sentido: a guerra torna-se obviamente o instrumento fundamental da luta política exterior, da qual constitui, por assim dizer, a principal correia de transmissão. Ela será também, por natureza, intermitente, pelo simples fato de que uma nova guerra vai eclodir (quer dizer, vai ser eclodida) cada vez que a estrutura de domínio internacional existente for desfeita (sob os golpes de forças emergentes contestadoras, da vontade de uma potência dominar outra, etc.). Diremos, em termos quase paradoxais, mas tudo menos insensatos, que a guerra serve para a realização da paz. Esta última será, de fato, alcançada quando o vencedor tiver modelado a ordem internacional segundo as suas intenções – eis que a concepção tradicional da paz como intervalo entre duas guerras perde a sua aparente solidez: a guerra é o instrumento da paz. Além disso, talvez não seja verdade que a história da política internacional é feita de períodos de paz bem mais longos do que os de guerra. Deveríamos, talvez, nos livrar do preconceito arraigado de que a política internacional seja uma dimensão intermitente da nossa vida, como se somente a política interna tivesse uma continuidade e a internacional procedesse, em vez disso, aos saltos, de uma crise para outra, de um conflito para outro. As relações "normais" entre os Estados são "constituintes", baseadas em relações de desigualdade determinadas pelo êxito de uma guerra, de uma paz que se propõe, toda vez, como definitiva e imperecível, e capaz de uma eficácia cotidiana. Pelo fato de haver ignorado que os acontecimentos políticos internos aos Estados não pertencem a um mundo autônomo e isolado, mas encontram a sua fonte justamente nos acontecimentos internacionais, o enfoque que demos à guerra tomou tanto espaço que se tornou até convincente e nos privou de respostas. Mas

166

foi um êxito da Segunda Guerra Mundial fazer do Japão, um Estado até então totalmente refratário aos princípios democráticos, um país dirigido por instituições democráticas; quem hoje queira compreender a política japonesa poderia jamais considerar um dado original, espontâneo, a atual forma de governo daquele país? Atenção: essa não é uma exceção; as coisas são assim para todos os atuais países do mundo. Qual Estado nasceu pacificamente? E, se são várias as concessões exigidas pela paz, o resultado então será a guerra.

Nesse sentido, somente a guerra pode ser considerada "inevitável", quando julgamos que a paz existente não é satisfatória – seria demasiado fácil acrescentar que até hoje, durante milênios, nunca ordem alguma foi apreciada por todos de forma igual, vencedores e vencidos. Mas justamente uma espécie de distanciamento dessa condição pode nos permitir, em suma, dar uma olhada fugaz para o futuro. Apenas há poucos anos o mundo parece ter se tornado um só; cada terra é um Estado e mantém relações com quase todos os outros do planeta; antes, havia-se disseminado uma cultura difusa da paz, inicialmente induzida pelo temor da guerra nuclear, e depois transformada em elementos precoces de uma verdadeira opinião pública internacional pacífica, que deu enfim mil provas da sua consistência, tanto nos Estados quanto na vida política e social. Nada igual jamais foi visto na história: um prognóstico para o futuro, portanto?

BIBLIOGRAFIA

Textos clássicos

ALAIN. "Mars, ou la guerre jugée". *Les passions et la sagesse*. Paris: Gallimard, 1960.

ANGELL, N. *La grande illusione*. Roma: Voghera, 1913.

ARON, R. *Pace e guerra tra le nazioni*. Milão: Edizioni di Comunità, 1970. [Em português: *Paz e guerra entre as nações*, trad. Sérgio Bath. Brasília: UnB, 1986.]

BOBBIO, N. *Il problema della guerra e le vie della pace*. Bolonha: Il Mulino, 1979.

BOUTHOUL, G. *Le guerre. Elementi di polemologia*. Milão: Longanesi, 1982.

CLAUSEWITZ, C. von. *Della guerra*. Milão: Mondadori 1970. [Em português: *Da guerra*, trad. Maria Teresa Ramos. São Paulo: Martins Fontes, 1996.]

DEL VECCHIO, G. *Il fenomeno della guerra e l'idea della pace*. Roma: Bocca, 1911.

FREUD, S. "Perché la guerra?", in *Il disagio della civiltà*. Turim: Boringhieri, 1971.

GROZIO, H. *De iure belli ac pacis*. Lousane: Bousquet, 1751.

HOBBES, T. *Leviatano*. Florença: La Nuova Italia, 1976. [Em português: *Leviatã*. São Paulo: Ícone, 2000.]

A GUERRA

JAMES, W. *The Moral Equivalent of War.* Nova Iorque: American Association for International Conciliation, 1910.

JASPERS, K. *La bomba atomica e il destino dell'uomo.* Milão: Il Saggiatore, 1963.

KANT, I. "Per la pace perpetua. Progetto filosofico", in *Scritti politici e di filosofia della storia e del diritto.* Turim: Utet, 1956. [Em português: *Paz perpétua e outros opúsculos.* Lisboa: Edições 70, 1995.]

LENIN, V. "L'imperialismo, fase suprema del capitalismo", in *Opere.* Roma: Editori Riuniti, 1966, vol. XXII. [Em português: *O imperialismo, fase superior do capitalismo.* São Paulo: Centauro, 2000.]

MACHIAVELLI, N. "L'arte della guerra", in *Opere.* Milão: Ricciardi, 1954. [Em português: *A arte da guerra / A vida de Castruccio Castraca,* trad. Sérgio Bath. Brasília: UnB, 1994.]

MAISTRE, J. de. *Le serate di Pietroburgo.* Milão: Rusconi, 1971.

MARINETTI, E. T. "Guerra sola igiene del mondo", in *Teoria e invenzione futurista.* Milão: Mondadori, 1968.

PROUDHON, P.-J. *La guerre et la paix. Recherches sur le principe et la constitution du droit des gens.* Bruxelas: Lacroix van Meenen et cie., 1861.

ROBBINS, L. *Le cause economiche della guerra.* Turim: Einaudi, 1944.

SCHMITT, C. *Le categorie del 'politico'.* Bolonha: Il Mulino, 1972.

SUN TZU. *L'arte della guerra.* Nápoles: Guicla, 1988. [Em português: *A Arte da guerra.* Várias edições.]

TUCÍDIDES. *La guerra del Peloponneso.* Roma-Bari: Laterza 1986. [Em português: *História da guerra do Peloponeso.* Brasília: UnB, 1999.]

VITORIA, F. de. *Leçons sur les indiens et sur le droit de guerre.* Genebra: Droz, 1966.

WAIZER, M. *Guerre giuste e ingiuste.* Nápoles: Liguori, 1990.

WRIGHT, Q. *A Study of War.* Chicago: University of Chicago Press, 1942.

BIBLIOGRAFIA

Obras de referência

ARMAO, F. *Capire la guerra*. Milão: Angeli, 1994.

ARON, R. *Penser la guerre. Clausewitz*. Paris: Gallimard, 1976, 2 vols.

BAINTON, R. H. *Il cristiano, la guerra, la pace*. Turim: Gribaudi, 1968.

BEAUFRE, A., *Introduzione alla strategia*. Bolonha: Il Mulino, 1966.

BRISSON, J.-P. (Org.). *Problèmes de la guerre à Rome*. Paris-Haia: Mouton et Co., 1969.

CAILLOIS, R. *La vertigine della guerra*. Roma: Edizioni Lavoro, 1990.

CONTAMINE, P. *La guerre au Moyen Age*. Paris: Presses Universitaires de France, 1980.

CRÉPON, P. *Le religioni e le guerre*. Gênova: Il Melangolo, 1992.

CROOK, P. *Darwinism, War and History*. Cambridge: Cambridge University Press, 1994.

EIBL-EIBESFELDT, I. *Etologia della guerra*. Turim: Boringhieri, 1983.

GALLIE, W. B. *War*. Londres: Routledge, 1991.

GARLAND, Y. *Guerra e società nel mondo antico*. Bolonha: Il Mulino, 1985.

HARMAND, J. *La guerre antique. De Sumer a Rome*. Paris: Presses Universitaires de France, 1973.

HOISTI, K. L. *Peace and War: Armed Conflict and International Order, 1648-1989*. Cambridge: Cambridge University Press, 1991.

HOWARD, M. *The Causes of Wars*. Londres: Temple Smith, 1983.

ISNENGHI, M. *Il mito della grande guerra*. Roma-Bari: Laterza 1973.

JOHNSON, J. T. *Just War Tradition and the Restraint of War*. Princeton: Princeton University Press, 1981.

KAHN, H. *On Thermonudear War*. Princeton: Princeton University Press, 1961.

KHADDURI, M. *War and Peace in the Law of Islam*. Baltimore: The Johns Hopkins Press, 1955.

LIVERANI, M. *Guerra e diplomazia nell'Antico Oriente: 1600-1100 a.C.* Roma-Bari: Laterza, 1994.

LIVET, G. *Guerre et paix de Machiavel à Hobbes*. Paris: Colin, 1972.

171

McNEILL, W. F. *Caccia al potere. Tecnologia, armi, realtà sociale dall'anno mille*. Milão: Feltrinelli, 1984.

NEF, J. U. *War and Human Progress.* Nova Iorque: Russell and Russell, 1968.

PERRÉ, J. *La guerre et ses mutations: des origines à 1792.* Paris: Payot, 1961.

PICK, D. *La guerra nella cultura contemporanea.* Roma-Bari: Laterza, 1994.

SILBERNER, E. *La guerre et la paix dans l'histoire des doctrines économiques.* Paris: Sirey, 1957.

SMALL, M. & SINGER, J. D. *Resort to Arms: International and Civil Wars, 1816-1980.* Beverly Hills: Sage, 1982.

VERNANT, J. P. (Org.). *Problèmes de la guerre en Grèce ancienne.* Paris-Haia: Mouton et Co., 1968.

ÍNDICE ONOMÁSTICO

Agostinho de Hipona, santo 125,
  126, 128, 129
Alain 136
Alexandre Magno 35
Angell, N. 109
Aníbal 83, 101
Antônio 44
Archibugi, D. 142
Ariosto, L. 155
Aristóteles 99
Arnheim, R. 161
Aron, R. 30, 74, 102, 135
Axell, K. 152

Bacon, R. 49
Balzac, H. de 105
Beaufre, A. 69, 77
Beckmann, M. 160
Beethoven, L. van 158
Bentham, J. 141
Bertiere, C. 163
Bianco di St. Jorioz, C. 88
Bin Laden, O. 17
Bismarck, O. 80, 101, 147
Black, G. D. 163
Bobbio, N. 14, 123, 148, 151
Bouthoul, G. 29, 107
Braudel, F. 47, 104
Britten, B. 160, 162, 163
Bucarelli, P. 161
Bueno de Mesquita, B. 107
Bunge, M. 99, 100
Burckhardt, J. 158, 164

Caillois, R. 52
Callot, J. 159
Cardini, F. 49
Carlos Magno 35, 45

Carlos Manuel de Savóia 72
Carlos V 36, 51, 70
Carlos VIII 48
Cattaneo, C. 41, 99, 119, 120, 123
Chopin, F. 159
Chostakovitch, D. 160, 161, 162
Choucri, N. 107
Cícero 45, 123, 124, 133
Clausewitz, C. von. 28, 29, 30, 31,
  32, 33, 48, 69, 74, 75, 81, 82, 85,
  86, 87, 89, 95
Comte, A. 119
Constant, B. 51, 61, 108, 109
Crucé, E. 141

Darwin, C. 113, 114, 115
David, J.-L. 158
Dehio, L. 120
Delacroix, E. 159
Dix, O. 160
Doyle, M. W. 145

Eberle, M. 160
Eibl-Eibesfeldt, I. 116, 117
Eichmann, A. 130
Einaudi, L. 150, 151
Einstein, A. 115
Ésquilo 156
Estesícoro 156

Fautrier, J. 160, 161
Felipe Augusto 47
Fernando VII 159
Fichte, J. G. 141
Fídias 156
Fini, M. 153
Fischer, D. H. 103
Fox, R. 154

173

A GUERRA

Francisco Ferdinando 79
Francisco I 36, 70
Frederico, o Grande 87
Frederico II 51
Freud, S. 115
Fugger, família 51
Fukuyama, F. 153
Fussell, P. 160

Galileu, G. 99
Gengis Khan 49
Gentile, G. 122
George, P. 163
Giannarelli, A. 163
Giap, V. N. 55
Gilpin, R. 107
Gobineau, J.-A. de 114
Goldstein, J. S. 120, 121
Goya, F. 159, 160
Graham, M. 163
Green, T. H. 149
Grimmelshausen, H. J. 50
Grosz, G. 160
Grozio, U. 130, 131, 132, 133
Guicciardini, F. 47, 48

Hamilton, A. 147
Hanson, V. D. 157
Haydn, J. 158
Hegel, G. W. F. 62, 63, 83, 84, 99, 123, 139, 141
Henrique V 47
Heráclito 41
Heródoto 40
Hill-Green, T. 149
Hitler, A. 25, 26, 86, 114
Ho Chi Minh 55
Hobbes, T. 57, 58, 59, 72, 143, 145
Hobson, J. 109
Holsti, K. J. 111
Homero 22
Horácio 44
Huizinga, J. 66, 67
Humboldt, W. von 123
Hume, D. 99
Huntington, S. P. 46

Isnenghi, M. 160

João Paulo II, papa 135
João sem Terra 47
Josquin des Près 155
Jünger, E. 160

Kahn, H. 78, 92
Kant, I. 17, 59, 60, 62, 99, 123, 142, 143, 145
Kautsky, K. 110
Kelsen, H. 133
Kennedy, J. F. 79
Kissinger, H. 78
Kondratiov, N. 120
Koppes, C. R. 163
Kubrick, S. 163

La Bruyère, J. de 140, 141
Lake, D. A. 146
Lalman, D. 107
Lenin, V. I. 88, 109, 110
Leonardo da Vinci 155
Levy, J. 106, 146
Lewis, B. 127
Liberti, E. 88
Liddell Hart, B. 85
Lippmann, W. 66
Lívio 44
Lorenz, K. 116
Luís XIV 51

Maistre, X. de 50, 123, 139, 141
Manet, E. 160
Mao Tsé-Tung 55, 89, 91
Maomé 127
Maquiavel, N. 69, 70, 71, 72, 73, 76, 80, 81, 118, 119
Marinetti, F. T. 121
Maximiliano da Áustria 160
Mead, M. 66
Mearsheimer, J. J. 154
Meinecke, F. 59
Meyer, E. 101
Mill, J. 61
Mimnermo 156
Momigliano, A. 42
Money-Kyrle, R. 116
Montaigne, M. de 22
Montecuccoli, R. 73

174

ÍNDICE ONOMÁSTICO

Montesquieu, C. de 108, 145
Moraldi, L. 123
Morgenthau, H. J. 148
Mosse, G. 53
Mulryne, J. R. 155

Napoleão 25, 83, 87, 158
Nelson, H. 158
Nicolau de Tolentino 156
Nietzsche, F. 140, 141
North, R. C. 107

Otávio 44
Owen, W. 160

Panebianco, A. 145
Papini, G. 121
Penn, W. 141
Picasso, P. 160
Pick, D. 114
Pirro 43
Platão 137, 140, 141
Políbio 118, 122
Prokofiev, S. 162

Rabelais, F. 28
Rafael 158
Ranke, L. 59
Reichenbach, H. 99
Remarque, E. M. 160
Richardson, L. F. 24, 27
Rimbaud, A. 165
Ritter, G. 51
Robbins, L. 110
Rosazza, A. 163
Rossi, U. 163
Rousseau, J.-J. 67, 68
Rubens, P. P. 157, 158
Ruozzi 72
Russell 99

Saint-Pierre, C.-I. 141
Saint-Simon, C.-H. de 51, 60, 61, 62, 142
Salisbury, H. E. 161
Schelling, T. C. 78
Schlemmer, O. 160
Schmitt, C. 87, 88, 94, 132

Schwarz, B. 49
Sellers, P. 163
Sen, A. 14
Shewring, M. 155
Silberner, E. 109
Singer, J. D. 27, 28, 111
Small, M. 28, 111
Spencer, H. 123
Stendhal 159
Sully, M. de 141
Sun Tzu 69, 70, 71, 72, 73

Tammaro, F. 161
Taylor, A. J. P. 103, 104
Tetlock, P. E. 106
Thierry, A. 61
Thompson, L. 162
Ticiano 158
Tilly, C. 52
Tirpitz, A. 80
Tirteu 156
Tolstói, L. 159, 162
Tomás de Aquino, santo 128, 130, 134
Toscanini, A. 162
Tucídides 66, 77, 78, 79

Uccello, P. 156
Ulpiano 133

Vegécio 73
Vico, G. B. 119
Virgílio 44
Vitoria, F. de 129, 130, 134
Voltaggio, F. 142
Voltaire 140, 141

Wallensteen, P. 152
Walzer, M. 124, 134
Weber, M. 101
Wellington, A. di 158
Wight, M. 150
Wohlstetter, A. 91
Woolf, L. 149
Wright, Q. 27
Wright, G. von 100, 101

Zola, E. 159

175

ESTE LIVRO FOI COMPOSTO EM GATINEAU
CORPO 10,5 POR 15 E IMPRESSO SOBRE
PAPEL OFF-SET 90 g/m^2 NAS OFICINAS DA
BARTIRA GRÁFICA EM NOVEMBRO DE 2001.